hänssler

David Zeidan

Die Fünfte Säule

Wie einer Frieden fand

David Zeidan arbeitete als Elektroingenieur im Mittleren Osten. Zur Zeit lebt er mit seiner Frau Ann und seiner Familie in England.

Die Deutsche Bibliothek – CIP-Einheitsaufnahme

Zeidan, David:
Die Fünfte Säule : wie einer Frieden fand / David Zeidan. [Übers. von Holger Loddeke]. – Neuhausen/Stuttgart : Hänssler, 1995
(Hänssler-Taschenbuch)
ISBN 3-7751-2298-2

hänssler-Taschenbuch
Bestell-Nr. 392.298

Originaltitel: The Fifth Pillar
Übersetzt von Holger Loddeke
Umschlaggestaltung: Stefanie Stegbauer
Titelfoto: Hilla u. Max M. Jacoby; Mauritius-Bildagentur
Printed in Germany

Inhaltsverzeichnis

Nabil, dessen Geschichte hier erzählt wird, möchte dieses Buch seinen beiden Söhnen widmen, in der Hoffnung, daß sie ihm auf dem Weg der Wahrheit nachfolgen mögen. Außerdem widmet er es all seinen guten Freunden, die in dieser Geschichte erwähnt werden, und die ihm auf seiner geistlichen Suche vorangeholfen haben.

Vorwort

Dies ist die wahre Geschichte einer geistlichen Pilgerreise. Vom Tag unserer Geburt an bis zu unserem Tod reisen wir alle auf dem einen oder anderen Weg durch das Labyrinth dieser Welt. Manche von uns suchen bewußt nach Leitung und nach dem wahren Sinn des Lebens – andere suchen eher unbewußt. Manche lehnen sich auf, andere wiederum unterwerfen sich dem, was Gott ihnen auf ihrem Weg zeigt.

Nabil waren alle Wünsche erfüllt worden: Karriere, Geld, Beziehungen, Ansehen. Trotzdem fehlte ihm etwas. Bei seiner intensiven Suche wird ihm plötzlich offenbart, daß die göttliche Wahrheit kein religiöses Gerüst aus Geboten, Ritualen und Traditionen ist, sondern eine göttliche Person, zu der er eine innige und tiefgreifende Beziehung haben kann.

In diesem Buch sind die meisten Namen geändert worden, um die jeweiligen Personen nicht unnötigen Gefahren auszusetzen.

1

Der Streit

»Tut, was ihr für richtig haltet«, sagte Nabil Madani unbekümmert, »aber meine Freunde sind meine eigene Angelegenheit, und ihr habt kein Recht, euch in mein Privatleben einzumischen!«

Anwar, Nabils älterer Bruder, und sein Chef Ahmad schauten ihn über den Wohnzimmertisch hinweg an. Die zwei Männer saßen in Nabil Madanis Luxusappartement im achten Stock eines Hochhauses im wohlhabenderen Viertel von Dubai und waren es zunehmend leid, dem Starrsinn dieses jungen Mannes mit vernünftigen Argumenten entgegenzutreten. Wer glaubte er eigentlich, daß er sei? Wie konnte er es wagen, sich ihren Anweisungen zu widersetzen und seinen eigenen Weg zu gehen? Dieses Verhalten war unerhört und mußte sofort aufhören! Sie würden nicht einen Millimeter nachgeben, und wenn er sich nicht anpaßte, würden sie ihm eine Lektion erteilen, die er nicht so schnell vergäße.

»Hör zu, Nabil«, sagte Anwar sanft und strich sich über den dunklen Bart, »das ist kein Scherz mehr. Du bist schon viel zu weit in diese Richtung gegangen, und wir können nicht zulassen, daß du so weitermachst. Hier ist unser Ultimatum, und du tätest gut daran, es zu akzeptieren: Brich alle Beziehungen zu Henry und deinen anderen westlichen Freunden ab, und wende dich wieder dem orthodoxen islamischen Leben zu. Das ist alles, was wir von dir verlangen!«

»Du hast drei Wochen Zeit, um dich zu entscheiden«, fügte Ahmad hinzu. »Du weißt, daß wir mit deiner Arbeit sehr zufrieden sind. Wir wollen nur dein Bestes. Du bist ein Moslem aus einer angesehenen Familie und arbeitest für einen islamischen Verleger – man muß auch nach außen sehen können, daß du als guter Moslem lebst. Das ist wirklich nicht zuviel verlangt – in diesem Punkt kann es keinen Kompromiß geben.«

»Ich brauche mir wohl kaum von euch sagen zu lassen, was ich tun soll«, gab Nabil ärgerlich zurück. »Ich werde nicht länger zu den Gebeten gehen, nur weil ihr es von mir verlangt. Ihr habt kein Recht, mir eure Religion einfach aufzuzwingen.«

Es folgte eine hitzige Diskussion, aber sie waren nicht bereit nachzugeben, und Nabil konterte ihre Angriffe seinerseits mit einer entschlossenen Starrköpfigkeit.

»Du solltest unsere Bedingungen besser akzeptieren«, warnten sie ihn, »ansonsten werden wir dich fallenlassen und dafür sorgen, daß du deinen Job verlierst.«

Wütend verließen sie seine Wohnung. Nabil war von Zorn erfüllt, als er die Tür hinter ihnen schloß. Für wen hielten sie sich eigentlich, daß sie ihm derartige Vorschriften machten? Er würde ihnen schon zeigen, daß er ein freier Mann war und eigenständig Entscheidungen treffen konnte. Dieser hochnäsige Anwar! Nur weil er sein Bruder war und dazu noch ein Jahr älter, glaubte er, er könne Nabil herumkommandieren. So war es schon immer gewesen, seit er denken konnte. Anwar, der »brave Junge«, wurde Nabil stets als Beispiel vorgehalten. Nabil war immer nur guter Durchschnitt und niemals gut genug, um neben dem leuchtenden Vorbild seines älteren Bruders bestehen zu können. Und wie extrem Anwar in seinen religiösen Ansichten geworden war!

Nabil hielt sich für einen ebenso guten Moslem wie jeder andere auch, oder zumindest war er das bis vor kurzem noch gewesen. Treu hatte er sich an die fünf

Säulen des Islam gehalten, ebenso wie an die meisten Traditionen – aber das hieß noch lange nicht, daß er andere Menschen mit Gewalt vom Islam zu überzeugen versuchte, wie diese beiden es taten. Schließlich lebte er im zwanzigsten Jahrhundert, nicht im siebten.

Als er nachdachte, kam ihm doch der Anflug eines Zweifels. War seine Weltsicht zu naiv? Er war schon immer der verzogene jüngere Sohn gewesen, der von seiner hingebungsvollen Mutter und den Schwestern alles bekam, was er haben wollte, und der immer einen Weg fand, einer Konfrontation mit seinem strengen Vater aus dem Weg zu gehen. Er war immer davon ausgegangen, daß Religion eine Privatangelegenheit sei, eine Sache einzig zwischen ihm und Gott. Doch traf das auch in einer islamischen Welt zu? Er wußte genug über seine Religion, um zu erkennen, daß der Islam in allen Lebensbereichen bedingungslosen Gehorsam forderte – es gab weder eine Trennung zwischen geistlichem und weltlichem, noch zwischen privatem und öffentlichem Leben. Der Islam war allumfassend, und er beanspruchte für sich die göttliche Autorität, über jeden Bereich des menschlichen Lebens zu herrschen.

Plötzlich wurde ihm klar, daß Entscheidungsfreiheit eine neue unheilbringende Erfindung des Westens war. Der traditionelle sunnitische Islam herrschte siegreich und forderte völlige Unterwerfung – dies war seine von Gott gegebene Pflicht und bedurfte keiner Rechtfertigung! Als ihm die Tragweite seiner Gedanken langsam bewußt wurde, erschauerte er. Wenn sie nun wirklich vorhatten, ihre Drohungen wahrzumachen? Welch ein Narr er doch gewesen war! Er hätte ein wenig nachgeben, mit ihnen verhandeln, ihnen entgegenkommen sollen – sie hätten sein Verhalten als ein Zeichen der Reue gedeutet, und alles hätte sich nach und nach wieder normalisiert.

Warum war er nur so starrköpfig gewesen? Was würden sie jetzt tun?

Am nächsten Tag kehrte er voller Sorge in sein Büro zurück. Er war der Manager des »Islamic Publishing House« in Dubai, dessen Gründer und Besitzer sein Chef Ahmad war. Es war eine große und angesehene Firma mit Niederlassungen in allen arabischen und den meisten islamischen Ländern. Seit mehr als drei Jahren arbeitete er nun hier, seit sein Bruder ihn seinem Freund Ahmad zum ersten Mal vorgestellt hatte. Ahmad suchte nach der richtigen Führungspersönlichkeit für die erst kürzlich eröffnete Niederlassung, und Nabil hatte den Job mit seiner guten Bezahlung und den Aufstiegschancen gerne angenommen.

Er hatte hart gearbeitet, und Ahmad war mit ihm sehr zufrieden gewesen. Nabil hatte die Grundlagen für effektives Management und eine praktikable Buchführung gelegt, hatte die Verkaufszahlen in die Höhe schnellen sehen und betrachtete sich als einen aufstrebenden Geschäftsmann. Alle sahen seinen Erfolg gern: sein Chef, sein Bruder, seine Kollegen – was war also schiefgelaufen?

In den folgenden Wochen war Nabil einer starken Spannung ausgesetzt. Es bestand nicht der geringste Zweifel, daß sich Ahmads Beziehung zu ihm radikal geändert hatte. Er ignorierte Nabil, wenn sie sich im Büro begegneten, er unterlief seine Entscheidungen, er übersah seine Mitteilungen – das konnte nicht ewig so weitergehen. Er brachte es deutlich zum Ausdruck, daß die besondere Beziehung, die er einmal zu Nabil gehabt hatte, nun beendet war.

Wochen vergingen, und Nabil machte weiter, als wäre nichts geschehen. Wenn sie glaubten, er würde von sich aus kündigen, hätten sie sich sehr geirrt. Immerhin hatte er einen Vertrag unterschrieben, der erst mehrere Monate später auslaufen würde, und er hatte nicht vor, diesen Vertrag zu brechen. Doch nach und nach machte er sich doch Sorgen. Wenn Ahmad ihn nun einfach feuerte? Er mußte sich noch einige weitere Monate von seiner Heimat Syrien fernhalten – erst dann hatte er die Bedingung zur Freistellung vom Militärdienst, nämlich einen mindestens fünfjährigen Auslandsaufenthalt, erfüllt. Es wäre unmöglich, in Dubai ohne eine Arbeit zu überleben, und ohne Arbeit gab es auch kein Visum für die Vereinigten Arabischen Emirate, zu denen Dubai gehörte. Es würde extrem schwierig werden, eine andere Arbeit zu finden, wenn sich sein früherer Arbeitgeber geweigert hatte, ihm eine Empfehlung zu geben. Er könnte sogar ausgewiesen werden!

Nabil entschloß sich, selbst aktiv zu werden. Er nahm Kontakt zum syrischen Konsul in Dubai auf und lud ihn zum Essen ein. Während er sich mit ihm unterhielt, erwähnte er den Namen seines Vaters und schilderte dem Konsul seine Zwangslage.

Dieser zeigte sich sehr hilfsbereit. »Kommen Sie morgen früh mit allen notwendigen Papieren in mein Büro.«

Am Tag darauf war Nabil dort und bekam ein offizielles Dokument ausgehändigt, das die Erfüllung seines fünfjährigen Auslandsaufenthalts bestätigte. Es war vorschriftsmäßig vom Konsul unterschrieben und trug den notwendigen offiziellen Stempel zur Bestätigung. Welch eine Erleichterung! Nabil schickte das Dokument sofort an seinen Vater in Damaskus, damit dieser es an die entsprechenden Militärbehörden weiterleitete. Somit war zumindest dieses Problem aus der Welt geschafft; wieder einmal hatte sich die Methode seines Vaters als wertvoll erwiesen, seine guten Beziehungen und seinen Einfluß geltend zu machen.

Einige Wochen später kam Ahmad in Nabils Büro und sagte: »Vielen Dank, Nabil, für deine Arbeit hier in unserer Firma. Ich denke, es ist Zeit, daß du uns verläßt.« Er schien vollkommen unbewegt zu sein.

»Du bist verpflichtet, die Kündigungsfrist von sechs Wochen einzuhalten«, erwiderte Nabil. »Mein Vertrag läuft erst in vier Monaten aus. Was ist mit dem ausstehenden Gehalt und der Abfindung? Wie steht es mit meinem Urlaubsgeld und den Zuschlägen? Immerhin habe ich mehr als drei Jahre hier gearbeitet.«

»Oh, dafür wird gesorgt werden«, gab Ahmad gelassen zurück. »Ich habe alles mit Anwar besprochen. Wende dich an ihn, er wird alles arrangieren.«

Benommen verließ Nabil das Büro. Also hatten sie ihre Drohung doch noch wahrgemacht. Sollte er sich mit Anwar in Verbindung setzen? Er beschloß, es nicht zu tun. Er würde warten, bis sich Anwar bei ihm meldete. Erst einmal fuhr er in seine Wohnung zurück und begann seine Habe zu ordnen und zusammenzupacken. Ein paar Tage später rief Anwar an und sagte Nabil, daß er bei ihm vorbeischauen werde. Er kam zusammen mit seiner Frau und erklärte, er selbst habe die Dinge vorangetrieben, da Nabil so starrköpfig gewesen sei, ihr Angebot zurückzuweisen. Es sei seine eigene Schuld gewesen, daß er den Job verloren habe.

Nabil merkte, daß es zu nichts führen würde, mit ihm zu diskutieren. Anwar hatte seine Entscheidung getroffen, und es gab kein Abrücken davon.

»Kannst du dafür sorgen, daß ich mein ausstehendes Gehalt und die übrigen noch fälligen Zahlungen bekomme?« fragte er Anwar. »Ahmad sagte, du würdest alles arrangieren.«

»Oh«, erwiderte Anwar betont lässig, »wenn du auf deinen Rechten bestehen willst, kannst du gerne vor das Arbeitsgericht gehen. Ahmad weigert sich, dich auszubezahlen.«

Nabil bemerkte den Sarkasmus in Anwars Stimme. All das gehörte zu der Strafe, die sie für ihn zurechtgelegt hatten. Es war so gut wie unmöglich, irgendetwas über das Arbeitsgericht zu erreichen; der Prozeß würde sich über Jahre hinziehen und ein Vermögen allein an Gerichtskosten verschlingen. Er hatte ausgerechnet, daß Ahmad ihm noch etwa 15000 Dollar schuldete – das Gehalt für zwei Monate, Urlaubsgeld, Zuschläge, Spesenabrechnungen – das war eine Menge Geld, aber scheinbar mußte er sich damit abfinden, daß er es verloren hatte.

»Vielen Dank für deine wertvolle Hilfe«, sagte Nabil bitter. »Wäre es vielleicht möglich, ein paar von meinen Sachen bei dir unterzustellen?«

Anwar stimmte zu, und sie trennten sich ohne ein Wort der Versöhnung. Anwar war wütend auf seinen jüngeren Bruder – wie konnte er es wagen, seine eigenen Entscheidungen zu treffen und ihn, seinen älteren Bruder, und den Familienrat einfach zu ignorieren? Solch ein Verhalten war unverschämt und unentschuldbar. Dafür mußte er hart bestraft werden. Wenn er erst einmal eine Zeitlang unter der Situation gelitten hätte, würde er sicherlich zur Vernunft kommen, sein Verhalten bereuen und sich entschuldigen. Nabil mußte gedemütigt und sein Widerstand gebrochen werden – anders konnte man mit solch einem Fall nicht umgehen.

Später ließ Anwar Nabils Sachen mit einem Kleintransporter aus dessen Wohnung abholen. Nabil brachte seine letzten Angelegenheiten in Dubai in Ordnung. Sein Auto überließ er einem Freund, der versprach, es zu verkaufen und den Erlös an Nabil zu überweisen, wo auch immer dieser sich aufhalten möge. Dann packte er seine Koffer, rief ein Taxi, ließ sich zum Flughafen bringen und bestieg ein Flugzeug nach Warschau.

Als die Maschine gestartet war, lehnte er sich in seinem Sitz zurück und ließ die Gedanken zurückwandern. Er rief sich noch einmal die Geschichte seiner Familie und die Einzelheiten seines eigenen Lebens ins Gedächtnis zurück. So vieles war in den wenigen Jahren seines Lebens geschehen, vor allem im vergangenen Jahr in Dubai. Er konnte die Dinge jetzt mit einer größeren Distanz betrachten, nun, da er die Turbulenz des Nahen Ostens hinter sich ließ und unterwegs war in die scheinbare Sicherheit und Stabilität des kommunistischen Osteuropas. Er war auf dem Weg – fort von all seinen Sorgen, er war frei, und bald würde er in Krakau sein, wo Renata schon voller Ungeduld auf ihn wartete.

2

In den Bergen der Drusen

Verzweifelt saß Fairouz Madani in einem Rattansessel in einer schattigen Ecke auf dem Balkon ihres Hauses. Es war Sommer, und die Sonne brannte gnadenlos auf die staubigen Straßen der kleinen Stadt Suweida herunter. Sie war im sechsten Monat schwanger, und es ging ihr alles andere als gut – schon von Beginn dieser Schwangerschaft an hatte sie sich nicht wohlgefühlt. Was taten sie in dieser gottverlassenen Ecke im Süden Syriens? Wären sie doch nur in Damaskus geblieben, der wunderschönen Hauptstadt mit all ihrem Komfort, wo ihre Familie und alle ihre Freunde lebten! Sie waren so glücklich gewesen in ihrem ersten Ehejahr, bis Hasib als Berater des Provinzgouverneurs nach Suweida versetzt worden war, der Hauptstadt des Dschebel ed-Druz.

Fairouz vermißte vor allem ihre Familie. Immer hatte sie im Zentrum der eng miteinander verbundenen Familie gestanden, immer waren ihre zwei Brüder und drei Schwestern um sie herum gewesen, um ihren Rat und Trost zu suchen. Sie hatte diese Führungsposition genossen, die ihr aufgrund ihrer lebhaften und reifen Persönlichkeit quasi in den Schoß gefallen war. Sie liebte ihre Familie sehr, und obwohl die meisten ihrer Geschwister inzwischen verheiratet waren, erfreuten sie sich nach wie vor an den Besuchen und Gegenbesuchen, die ein Teil arabischer Kultur waren und auch verstreut lebende Familien zusammenhielten. Nun konnte sie nur ein- oder zweimal im Jahr während ihres Jahresurlaubs für einen kurzen Besuch nach Damaskus zurückkehren, und sie war sehr einsam.

Nein, es war nicht Hasibs Schuld. Er konnte nichts daran ändern. Er hatte einen wichtigen Posten, der deutlich machte, wie hoch angesehen ihr Ehemann im Innenministerium war. In den Jahren nach Erlangung der Unabhängigkeit befand sich Syrien im Prozeß der Reorganisation, und alle verfügbaren qualifizierten Beamten wurden für die schwere Aufgabe der Aufrechterhaltung der Einheit im neuen Staat benötigt, denn vor allem in den entlegenen Provinzen war es wichtig, eine effektive Bürokratie aufzubauen.

Fairouz war stolz auf Hasib. Wie sie kam er aus der angesehenen sunnitischen Oberschicht in Damaskus. Seine Familie stammte ursprünglich aus der Türkei, lebte aber schon seit zwei Jahrhunderten in Damaskus. Ihre eigene Familie lebte schon in Damaskus, so weit es sich zurückverfolgen ließ. Es war eine große Ehre, zu einer dieser Familien zu gehören, die schon seit der Eroberung durch den Islam im siebten Jahrhundert die herrschende Klasse in Syrien stellten. Sie waren das Rückgrat der glorreichen Dynastie der Omaijaden, die Damaskus zur Hauptstadt des riesigen islamischen Reiches erhoben hatten, welches sich von Spanien im Westen bis nach Indien im Osten erstreckte.

In den vierziger Jahren hatte Hasib als Offizier bei den französischen Truppen des Völkerbundmandats Syrien gedient, und nachdem das Land 1945 unabhängig geworden war, wurde er in das Innenministerium nach Damaskus versetzt. Dort war er dafür verantwortlich, daß alle Bürger des neuen Staates registriert wurden und Ausweise bekamen. Eine äußerst wichtige Aufgabe, trug er doch dazu bei, daß der junge Staat seine Kontrolle über die verschiedenen in Syrien lebenden Völker organisieren und ein effizientes Steuersystem errichten konnte. Syrien war ein Schmelztiegel der unterschiedlichsten Völkergruppen und religiösen Gruppierungen – Sunniten, Alawiten, Drusen, Ismailiten, Kurden, Turkmenen, Christen – es war nicht leicht, sie alle in einem funktionierenden modernen Staat zu vereinen. Hasib hatte seine Aufgabe zur vollsten Zufriedenheit erfüllt, und 1954 wurde er an seinen neuen Arbeitsplatz versetzt.

Fairouz lächelte, als sie daran dachte, wie sie sich zum ersten Mal begegnet waren – es war wirklich komisch. Sie hatte am Fenster im ersten Stock ihres Elternhauses in Damaskus gestanden, hatte einen Apfel gegessen und das geschäftige Treiben auf der Straße unter ihr beobachtet. Aus irgendeinem Grund fiel ihr der Apfel aus der Hand hinunter auf die Straße, wobei er fast einen Mann in Uniform getroffen hätte, der just in diesem Augenblick unter ihrem Fenster vorbeikam. Er hatte ärgerlich aufgeschaut und gerade seinen Mund geöffnet, um dem achtlosen Schuldigen die Leviten zu lesen, doch hatte er ihn überrascht wieder geschlossen, als er das wunderschöne Gesicht dieses jungen Mädchens sah, mit ihren glänzenden, dunklen Augen und dem schwarzen, gewellten Haar, wie sie, erschrocken über das, was sie da getan hatte, zu ihm heruntersah. Ihre Blicke waren einander begegnet, er hatte ihr zugelächelt und mit der Hand gewunken, um zu zeigen, daß es nicht so schlimm war, und war weitergegangen. Verträumt hatte sie ihm nachgeschaut und diesen hochgewachsenen und gutaussehenden jungen Mann bewundert. Er war eindrucksvoll in seiner gepflegten Armeeuniform, und offensichtlich war er ein hoher Offizier, den sie noch nie vorher gesehen hatte.

Es schien, als hätte auch er sie nicht vergessen, denn einige Tage später kam seine Mutter auf einen Besuch, um bei ihrer Mutter mehr über ihre Familie in Erfahrung zu bringen. Es dauerte nicht lange, bis seine Eltern kamen und bei ihren Eltern offiziell um ihre Hand anhielten.

Hasib erzählte ihr später, daß er sofort, als er zu Hause angekommen war, zu seiner Mutter gegangen war und gesagt hatte: »Ich habe heute ein Mädchen gesehen, bei dieser Adresse. Bitte geh hin und besuche ihre Familie – ich möchte sie heiraten.« Er war ein Mann, der etwas sofort und gründlich anging, wenn er sich einmal zu etwas entschlossen hatte. Das war einer der Züge, die sie an ihm so sehr bewunderte. Seine Eltern waren zu dieser Zeit gerade auf der Suche gewesen nach einem Mädchen, das er heiraten könnte. Als sie sich dann genauestens über ihren Hintergrund informiert und herausgefunden hatten, daß sie aus einer angesehenen Familie kam, waren sie nur zu glücklich, alles in die Wege zu leiten, damit ihr Sohn sie heiraten und eine Familie gründen konnte.

Heiratsvereinbarungen wurden noch nach alter Sitte getroffen, nämlich zwischen den Eltern des zukünftigen Bräutigams und denen der Braut, sofern die Verbindung standesgemäß war. Die Familie war überaus wichtig – man heiratete innerhalb seiner gesellschaftlichen Klasse oder, sofern dies überhaupt möglich war, darüber. Ansehen war eine Notwendigkeit, und beide Seiten prüften sehr sorgfältig den Hintergrund der anderen Familie, um sicherzugehen, daß die eigene Familienehre keinen Schaden durch diese Verbindung nähme. Auch der finanzielle Aspekt war von großer Wichtigkeit; Macht und Reichtum gehörten bei den bedeutenden Familien von Damaskus eng zusammen. Waren die Familien erst einmal durch eine Heirat miteinander verbunden, so verhielten sie sich auch loyal zueinander. Sie halfen einander, gesellschaftlich, politisch und wirtschaftlich voranzukommen, und verließen sich auf ihre unzähligen Verwandten mit ihren guten Beziehungen.

Schließlich wurde auch Fairouz selbst um ihre Zustimmung gebeten, und freudig sagte sie ja – zumindest hatte sie ihn gesehen, bevor sie gefragt wurde, und er hatte ihr gefallen; das war weitaus mehr, als andere Mädchen in ihrer Position von sich behaupten konnten.

Sie heirateten 1955 und überließen sich dem sorgenfreien Leben der Großstadt. Sie genossen das Leben in vollen Zügen, gingen auf Parties, zum Tanzen und besuchten Freunde und Verwandte. Und dann wurde er versetzt auf diese abgelegene Stelle unter den Drusen.

Die Drusen machten nur etwa drei Prozent der syrischen Bevölkerung aus, doch waren sie eine zähe, kämpferische Volksgemeinschaft, die in ihren natürlichen Festungen in den Bergen nahe der Grenze zu Jordanien lebte. In den Zwanzigerjahren waren sie die ersten gewesen, die sich gegen die französische Kolonialmacht aufgelehnt und damit ein Feuer entzündet hatten, das auch auf die sunnitischen Araber von Damaskus übergesprungen war. Die Franzosen hatten mit der Bombardierung der Stadt geantwortet, und es hatte schwere Kämpfe gegeben, bevor der Aufstand schließlich niedergeschlagen werden konnte. Dennoch war die Loyalität der Drusen gegenüber dem neuen Staat, der sich das unabhängige Syrien nannte, fragwürdig. Einige hatten den Vorschlag gemacht, ihr Gebiet solle dem benachbarten Königreich Jordanien angegliedert werden. Als eine häretische Sekte, die sich vor tausend Jahren von den Schiiten abgespalten hatte, waren sie durch die Jahrhunderte hindurch von den sunnitischen Führern von Damaskus unterdrückt worden. Und dieser Haß, den sie in sich trugen, könnte sich in einer erneuten Rebellion entladen, es sei denn, sie würden von der neuen Regierung mit diplomatischem Feingefühl, aber bestimmt behandelt.

Fairouz selbst gehörte zur jungen Generation syrischer Mädchen, die bereits eine höhere Bildung hatten genießen können. Sie war eine ausgebildete Lehrerin. Die Unabhängigkeit hatte große Hoffnungen geweckt: Endlich würde Bildung auch der breiten Masse zugänglich werden, und Syrien würde politisch, wirtschaftlich und kulturell wieder zur führenden Nation in der arabischen Welt aufsteigen. Doch stand der weit verbreitete Analphabetismus diesem Ziel im Wege, und der neue Staat brachte alle ihm zur Verfügung stehenden Mittel auf, um gegen dieses Problem anzukämpfen. Hier in Suweida trug sie ihren Teil dazu bei, diesen Traum Wirklichkeit werden zu lassen, indem sie an der örtlichen Grundschule für Mädchen unterrichtete.

Es war gut, diese Träume zu haben und zu spüren, daß man den eigenen Beitrag für sein geliebtes Heimatland leisten konnte. Sie wußte, daß ihre Familie und ihre Freunde nicht sehr viel von ihrer Arbeit in Suweida hielten. Wirkliches Prestige konnte für sie nur eine Arbeit in der Hauptstadt haben. Die Damaszener hatten schon immer auf die Provinzen herabgeblickt. Fairouz war sehr niedergeschlagen und deprimiert. 1956, also ein Jahr zuvor, war ihr ältester Sohn Anwar geboren worden, und obwohl er ihr ganzer Stolz war, hatte sie ihre Kräfte noch nicht wiedererlangen können.

Als sie erfahren hatte, daß sie wieder schwanger war, hatte sie vor Verzweiflung geweint. Sie hatte sich sogar von ihrem Arzt Tabletten geben lassen, um die Schwangerschaft abzubrechen, aber diese hatten keine Wirkung gezeigt. Der Arzt hatte daraufhin vorgeschlagen, eine Autofahrt über die holprigen Gebirgsstraßen der Region zu machen, um so vielleicht eine Fehlgeburt auszulösen. Als auch dieser Versuch fehlschlug, hatte er sie zu den heißen Quellen bei AlHama im Tal des Yarmuk geschickt, doch alles ohne Erfolg. Mit der Zeit wurde es für sie immer schwieriger, am Morgen aufzustehen, sich zur Schule hinüberzuschleppen und endlose Stunden lang vor ihren Schülern zu stehen. Sie brauchte dringend eine Ruhepause, einen Tapetenwechsel.

Sie hatte eine drusische Haushälterin, Sarah, die jeden Tag zum Putzen und Kochen kam und sich um das Kind kümmerte. Sarah war ein einfaches Bauernmädchen, ihr und dem Kind treu ergeben, und sie erledigte ihre Arbeit bestens. Das war eine Eigenschaft, die Fairouz an den Drusen schätzte. Hatte man erst einmal ihr Vertrauen gewonnen, blieben sie loyal, durch dick und dünn. Sarah hatte ihr sogar angeboten, das ungeborene Kind zu adoptieren, um die Dinge ein wenig einfacher für sie zu machen, doch stand dies natürlich vollkommen außer Frage. Ein Kind der Madanis mußte im strikten sunnitisch-islamischen Glauben der Familie erzogen werden. Es würde eine unaussprechliche Schande bedeuten, es im häretischen Glauben der Drusen aufwachsen zu lassen. Das wäre schlicht undenkbar.

Grundsätzlich war nichts gegen die Drusen einzuwenden. Aber sie lebten vollkommen rückständig und abgekapselt von der Welt außerhalb ihrer Gemeinschaft. Sie waren zum größten Teil noch einfache Bauern, und obwohl sie arabisch sprachen und die syrische Staatsbürgerschaft besaßen, hatten sie eine vollkommen eigene Kultur, die nicht mit der von Fairouz zu vergleichen war. Sie wußten die Arbeit, die Fairouz für sie in der Schule leistete, sehr zu schätzen. Auch respektierten sie Hasibs hohe Stellung in der Regierung. Sie besuchten die Familie, brachten Geschenke aus ihren Ernteerträgen, aber sie ließen niemanden sehr nahe an sich herankommen. Ihre geheime Religion war wie eine unüberbrückbare Mauer. So wurden Fairouz und Hasib niemals eingeladen, an ihren Gebeten oder anderen religiösen Aktivitäten teilzunehmen, und niemals sprachen die Drusen über ihren Glauben.

Als Folge der jahrhundertelangen Verfolgungen hatten sich die Drusen völlig in sich zurückgezogen und waren eine introvertierte Religionsgemeinschaft geworden, die an Konvertiten nicht interessiert war. Alles, was sie von der übrigen Welt verlangten, war, daß man sie in Ruhe ließ, damit sie in ihrer lokalen Autonomie leben und ihre internen Angelegenheiten von ihren designierten religiösen Führern regeln lassen konnten. Mit allen Kräften hatten sie gegen jeden Eindringling gekämpft, um ihre Freiheit zu bewahren, daher waren sie von den anderen Gemeinschaften Syriens und des Libanons gefürchtet und respektiert.

Im November 1957 brachte Fairouz schließlich einen weiteren Jungen zur Welt. Obwohl es zu dieser Zeit in Suweida kein Krankenhaus gab und das Kind zu Hause nur mit der Unterstützung eines Arztes und einer Hebamme geboren wurde, ging alles gut, und es gab keine Komplikationen. Sie war so froh, noch einen Sohn geboren zu haben, so glücklich über Hasibs Stolz, als er das Kind zum ersten Mal sah. Söhne bedeuteten große Ehre, denn der Name der Familie würde weitergetragen werden. Sie nannten ihn Nabil, und obwohl Fairouz immer noch schwach war, spürte sie, daß es das alles wert gewesen war.

Wenige Monate später kam Hasib mit der guten Nachricht heim, daß er wieder nach Damaskus zurückversetzt werden sollte. Ihre Gebete waren erhört worden, und sie konnte sich nun auf ein erfülltes Leben in ihrer Heimatstadt freuen.

3

Damaskus – Perle des Ostens

1958 kehrten Hasib und Fairouz mit ihren beiden Söhnen nach Damaskus zurück. Das Innenministerium hatte Hasib die Leitung ihres Amts für Bevölkerungsstatistik übertragen, ein sehr bedeutender Posten, den er bis zu seiner Pensionierung 1988 innehaben sollte. Die Bezahlung war gut, ein Dienstwagen mit eigenem Chauffeur stand zu seiner Verfügung. Und, was am wichtigsten für seine weitere Karriere war, er hatte mit den wirklich bedeutenden Leuten innerhalb der Regierung zu tun. Seine Zukunft schien gesichert.

Sie zogen in eine große Wohnung in Mazra, einem der modernsten Viertel von Damaskus. Sie lag ganz in der Nähe der Regierungsgebäude und des diplomatischen Viertels. In der Ferne sah man die schneebedeckten Gipfel des Antilibanon und des 2.800 Meter hohen Hermon. Der Fluß Barada, der aus den Bergen herab und durch Damaskus floß, ließ die Stadt das ganze Jahr hindurch wie eine fruchtbare Oase in der Wüste erscheinen. Überall um die Stadt herum gab es Grünanlagen und Obstgärten, so auch die berühmte Oase Al Ghuta, die von unzähligen Bewässerungskanälen durchzogen wurde. Wen wundert es, daß Damaskus und seine Umgebung den Beduinen, die sich in frühen Tagen von der kargen Wüste her der Stadt näherten, wie das Paradies erschienen war, und es wird überliefert, daß hier ursprünglich der Garten Eden gelegen habe. Eine Hadith, die dem Propheten Mohammed zugeschrieben wird, besagt: »Selig ist, wer in Damaskus auch nur Boden wie ein Zeltpfosten so weit sein Eigen nennt.«

In ihrem Stadtviertel gab es breite Alleen. Und die Altstadt mit ihren farbenfrohen Märkten und berühmten alten Gebäuden konnte man bequem zu Fuß erreichen. Damaskus war ein Ort voller Geschichte. Man nimmt an, daß Damaskus die älteste bewohnte Stadt der Welt sei. Ägypter, Hethiter, Aramäer, Assyrer, Babylonier, Perser, Griechen, Römer, Byzantiner, Araber, Mamelucken, Türken, Franzosen – sie alle hatten hier auf dem Höhepunkt ihrer Macht eine Zeitlang regiert. Sie alle hatten diesem Ort auf irgendeine Weise ihren Stempel aufgedrückt. Doch waren es der Islam und die arabische Sprache, die all diese Völker überlebt und Damaskus wieder zur Hauptstadt eines unabhängigen arabischen Syriens gemacht hatten.

Da waren die alten Kirchen aus römischer und byzantinischer Zeit und die herrliche Große Omaijadenmoschee, die älteste noch erhaltene Steinmoschee, die zwischen 705 und 715 n. Chr. von dem Kalifen Al-Walid I. erbaut worden war. Wohin man auch ging, stieß man auf Erinnerungsstücke aus längst vergangenen Zeiten, von berühmten Männern errichtete Gebäude und Gräber berühmter Herrscher und Heiliger. Wen wundert es, daß sich die Damaszener stolz als die Elite betrachteten, die Elite nicht nur Syriens, sondern der gesamten arabischen Welt. Verächtlich blickten sie auf die »unzivilisierten« Einwohner anderer syrischer Städte herab, wie Aleppo, Homs und Hama, ebenso wie auf die einfache Dorfbevölkerung und die Beduinen der Wüste.

Nun, da sie beide Hälften der Familie wieder in ihrer Nähe hatten, gab es viele gegenseitige Besuche und eine Menge Gelegenheiten zum Feiern. Als ältester Bruder war Hasib auch das Oberhaupt der weitverzweigten Familie. Seine Brüder und Schwestern kamen mit allen Projekten, Problemen und Entscheidungen zu ihm, und sein Wort war ausschlaggebend. Sie erwiesen ihm viel Respekt, küßten seine Hand zur Begrüßung und erbaten seinen Segen, bevor sie gingen. In der streng patriarchalischen Gesellschaft des islamischen Syriens war dies die allgemein akzeptierte Ordnung: Innerhalb der Familie besaß das älteste männliche Mitglied die höchste Autorität.

Fairouz war, bevor sie heiratete, immer das Zentrum ihrer eigenen Familie gewesen, und ihre Brüder und Schwestern kamen auch jetzt wieder zu ihr, um sie um ihren Rat und um Unterstützung zu bitten.

Obwohl sie gläubige Sunniten aus der Schule der Schafiiten waren, waren Hasib und Fairouz nicht sehr religiös. Sie liebten es, auf Bälle oder Parties zu gehen, und betrachteten sich als moderne Moslems, die in der Lage waren, die Vorzüge des Westens mit dem Islam zu verbinden. Als sie jedoch nach Damaskus zurückkehrten, gerieten sie recht bald unter den Einfluß von Mohammed, dem Bruder von Fairouz, der sie regelmäßig besuchte. Mohammed war Rechtsanwalt, der an der Universität von Damaskus unter dem berühmten Abd al-Krim Rifa'i den Islam studiert hatte und später dann an die bedeutende islamische al-Azhar Universität nach Kairo gegangen war. Er war als ein besonders strenger und fanatischer Moslem nach Damaskus zurückgekehrt, erfüllt von dem Eifer, den Islam in seinem ursprünglichen Glanz wiedererstehen zu lassen und alle Moslems zum strengen und reinen Glauben der alten Tage zu bekehren.

Mohammed war eine charismatische Persönlichkeit und sehr überzeugend. Unter seinem Einfluß begann Hasib, regelmäßig zur Moschee zu gehen und all seine Gebete und die Rituale einzuhalten. Fairouz gab ihren Beruf auf, um sich, wie es der traditionelle Islam forderte, ganz dem Haus und den Kindern zu widmen. Schließlich akzeptierten beide Mohammeds fundamentalistische

Ansichten als die Wahrheit. Sie glaubten fest, daß dies der richtige Weg war. Nur in einem Punkt gab Fairouz ihrem Bruder nicht nach: Sie würde niemals den traditionellen Schleier tragen. Er selbst war so streng, daß er keinem männlichen Mitglied seiner Familie jemals erlaubte, seine Frau zu sehen – dies durften nur die Frauen und Kinder.

Als Lehrerin war Fairouz in der Lage, ihre Kinder von klein auf zu unterrichten. Beide hatten sie große Pläne für ihre Kinder und wollten, daß sie es im Leben weit bringen sollten. Anwar wurde bereits mit drei Jahren und Nabil ein Jahr später in einen privaten islamischen Kindergarten geschickt, wo sie eine solide Grundlage im Lesen und Schreiben erhielten. Als sie dann mit fünf Jahren in eine reguläre Grundschule wechselten, waren sie schon so weit vorangekommen, daß sie sofort in die zweite Klasse aufrückten.

Später wurden den Madanis noch drei Töchter geboren: Jamileh, Amal und Iman. Als Familie hielten sie eng zusammen, und in der Sicherheit ihres geliebten Damaskus blühte Fairouz auf und kam gut mit den Anforderungen der wachsenden Familie zurecht. Ihre Gesundheit wurde jedoch nie wieder ganz hergestellt. Es schien, als hätte sie in Suweida eine leichte Herzschwäche entwikkelt, doch kam sie ihren Pflichten stets nach und war wieder das Zentrum in ihrer Familie und Bekanntschaft. Dies war die Welt, die sie kannte und liebte, und es war herrlich, Verwandte und Freunde so nahe bei sich zu haben.

Die Religion gab ihnen Halt und ein Gefühl der Zugehörigkeit zur großen Islamischen Nation, der Umma, während Hasibs Stellung sie zu einem Teil der oberen Zehntausend der syrischen Gesellschaft machte. Von ihren Nachbarn wurden sie respektiert und bewundert. Sie hatten alles, was sie sich wünschen konnten.

Hasib war ein strenger Vater. Er glaubte an die Wichtigkeit altbewährter Tugenden und militärischer Disziplin. Gehorsam wurde erwartet und durchgesetzt. Hatte er erst einmal eine Entscheidung getroffen, konnte ihn nichts und niemand mehr umstimmen. Mit dem Vater herumalbern oder ihn wie einen guten Freund behandeln? Niemals! Die Kinder hatten den Eltern Respekt und Ehrerbietung entgegenzubringen. Sie küßten ihrem Vater die Hand zur Begrüßung, und wenn sie mit ihm sprachen, blickten sie zu Boden. Hatten die Eltern Besucher im Haus, durften sich die Kinder erst dazusetzen, wenn sie explizit dazu aufgefordert wurden. Jedesmal, wenn sie den Eltern begegneten, mußten sie sich deren Segen erbitten. So lehrte es der Islam. Respekt und Gehorsam gegen die Eltern war gleichbedeutend mit Respekt und Gehorsam gegen Gott. Wie geschrieben steht: »Nicht einmal sollst du ›uffa‹ zu ihnen sagen« (d. h. du sollst ihnen niemals widersprechen).

Das Leben der Kinder wurde von Hasib organisiert. Über jede einzelne Minute mußte Rechenschaft abgelegt werden. Jedes der Kinder erhielt ein wöchentliches Taschengeld, und es hatte keinen Zweck, mehr zu erbitten, wenn sie ihr Geld schon in den ersten Tagen ausgegeben hatten. Keinen Pfennig bekamen sie vor dem nächsten Zahltag.

Familiäre Bindungen waren bei den Madanis sehr stark. Ihr gesellschaftliches Leben konzentrierte sich nun vor allem auf die ausgedehnten Familien beider Seiten, und es gab viele gegenseitige Besuche und Einladungen. Die früheren weltlichen Vergnügungen wurden den heranwachsenden Kindern streng verboten. Nun waren die Familie und die Moschee das natürliche Zentrum und die Zuflucht des Gläubigen.

Fairouz nahm sich viel Zeit, um den Kindern bei den Hausaufgaben zu helfen, und Hasib kontrollierte ihre

Arbeit. Die Kinder bekamen alles, was sie brauchten. Jeder Junge hatte seine eigene Ecke mit eigenem Schreibtisch, Stuhl und Regalen, wo er ungestört lernen und seine Hausaufgaben erledigen konnte. Daß so großer Wert auf Bildung gelegt wurde, blieb nicht ohne Folgen. In der Schule erzielten sie hervorragende Ergebnisse, und besonders Anwar tat sich als ein herausragender Schüler hervor. Auch Nabil war immer der Beste in seiner Klasse. Er wurde sogar zum besonderen Helfer des Lehrers gewählt und hatte für Ordnung und Sauberkeit im Klassenzimmer zu sorgen und die Anwesenheit der Schüler zu überprüfen. Diese Aufgabe wurde als besonderes Vorrecht betrachtet. Außerdem war er derjenige, der ausgewählt wurde, am Muttertag im Namen aller Schüler eine Rede zu halten.

Da er sich nun einmal für die Religion entschieden hatte, ging Hasib auch, wie es seine Natur war, den ganzen Weg. Fünfmal am Tag ging er in die Moschee, um seine Gebete (salat) zu verrichten. Er nahm nicht nur an den Morgen- und Abendgebeten teil, wie Mohammed es geboten hatte, sondern an allen fünf traditionellen Gebetszeiten. Er achtete darauf, daß alle Familienmitglieder sich strikt an die vorgeschriebenen Gebetszeiten hielten. War die Familie zu Hause und aus irgendeinem Grund nicht in der Lage, in die Moschee zu gehen, versammelte er sie alle, selbst um 4 Uhr morgens, zum Frühgebet. Er stand dann vorne, die zwei Jungen hinter ihm und Fairouz und die Mädchen in der hintersten Reihe. Gen Mekka gewandt wiederholten sie hingegeben die vertrauten Gebetsformeln und warfen sich vor Gott zu Boden.

Der Fastenmonat Ramadan wurde bei den Madanis strikt eingehalten. Noch vor Sonnenaufgang stand Fairouz auf, um das S'hur, das Frühstück, vorzubereiten. Vor der Morgendämmerung standen auch alle anderen auf und aßen zusammen. Wenn dann mit dem Sonnenaufgang der Ruf des Muezzin ertönte, begannen alle, auch die Kinder, das Fasten. Sie nahmen weder Speise noch Getränke zu sich, bis sie nach Sonnenuntergang gemeinsam als Familie das Fasten brachen. Sie beteten zusammen, in Reihen hinter Hasib stehend, und gingen dann in die Moschee, wo das vorgeschriebene Gebet zwanzigmal wiederholt werden mußte.

Nach dem Gesetz des Islam sollen Kinder erst ab sieben Jahren mit dem Fasten beginnen. Zwischen sieben und neun Jahren dürfen sie das Fasten früher brechen als die Erwachsenen, doch sind sie älter als neun Jahre, müssen sie den ganzen Tag fasten oder sie werden zur Strafe geschlagen. Hasib versprach denen etwas Geld zur Belohnung, die das Fasten durchhielten – die Kinder schummelten oft und aßen und tranken eine Kleinigkeit im Badezimmer; und dann schworen sie, sie hätten den ganzen Tag keinen Krümel gegessen, und steckten so die Belohnung ein. Besonders hart war es, wenn der Ramadan in den Sommer fiel. Vor allem den Rauchern schien die große Hitze zu schaffen zu machen. Und ein Onkel, ein starker Raucher, verlor dann oftmals die Beherrschung und begann zu fluchen und über die Notwendigkeit des Fastens zu schimpfen. Die Leute sagten ihm dann: »Wie kannst du am Ramadan solche Worte in den Mund nehmen? Es ist besser, du ißt etwas und hältst den Mund!«

Den Abschluß des Ramadan bildete das drei Tage dauernde Fest 'Id al-Fitr. Die Kinder hatten während dieser drei Tage schulfrei. Zur Vorbereitung für das Fest gingen sie mit ihren Eltern auf den Markt, um neue Kleider und Schuhe für sich auszusuchen. Erwachsene, die zu Besuch kamen, mußten ihnen ein Geldgeschenk machen – natürlich wetteiferten die Kinder, wer von ihnen am meisten

Geld zusammenbekam. Der Gewinner war unweigerlich Anwar, da die Geschenke nach dem Alter der Kinder verteilt wurden – Anwar bekam am meisten, gefolgt von Nabil und dann den Mädchen. Nabil ärgerte sich immer, daß er nicht mit seinem älteren Bruder Schritt halten konnte. Er konnte das Geld genauso gut gebrauchen wie Anwar – es war einfach nicht fair! Das Geld, mit dem sie sich in der Schule Schokolade und andere Süßigkeiten kauften, reichte in der Regel eine ganze Weile.

Fairouz hatte vor dem Fest viel in der Küche zu tun. Sie bereitete große Mengen Essen vor und buk drei- bis vierhundert köstliche, speziell für diese Gelegenheit bestimmte kleine Kuchen, die sogenannten Ma'moul. Jeder Besucher mußte, bevor er ging, davon essen.

Hasib, Fairouz und die Kinder besuchten auch pflichtgetreu Großeltern, Onkel und Tanten. Aus Anlaß dieses Festes besuchte jeder jeden.

Wenn die Kinder dann wieder in die Schule kamen, gab es viel zu erzählen und zu vergleichen, wieviel jeder geschenkt bekommen hatte.

Ein weiterer wichtiger Aspekt dieses Festes war das Geben besonderer Almosen für die Armen, das zakat al-Fitr. Für jedes Mitglied seiner Familie mußte Hasib einen bestimmten Betrag zahlen und das Geld an bedürftige Familien abgeben. Er saß dann mit Fairouz zusammen und stellte eine Liste derer zusammen, die das Geld in diesem Jahr am nötigsten brauchten – noch vor dem ersten Tag des Festes mußte es in deren Händen sein.

Ebenfalls ein wichtiges Fest, auf das sich die Kinder freuten, war das vier Tage dauernde 'Id al-Adha zum Ende der Pilgerreise. Wieder gab es schulfrei, und wieder bekamen sie neue Kleider und Geldgeschenke von den Erwachsenen – es war wie zweimal Weihnachten in einem Jahr!

Zu diesem Fest bat Hasib einen Onkel, ein Schaf für die Familie zu kaufen. Dann kam der Schlachter zu ihnen, um für alle, die es wollten, die rituelle Schlachtung des Opferschafs durchzuführen. Hasib las ein paar Verse aus dem Koran, und der Schlachter sagte Bism'illah (»Im Namen Gottes«). Dann schnitt er dem Tier die Kehle durch und ließ alles Blut auf die Straße fließen. Die Frauen und Kinder schauten von den Balkonen aus zu. Später gingen sie dann hinunter, um die Straße zu säubern. Der Schlachter zog dem Schaf das Fell ab und zerlegte es für die Familie – zehn Prozent der besten Stücke behielt Fairouz und kochte sie für die Familie, den Rest mußten sie, in handliche Pakete verpackt, an bedürftige Familien in ihrem Wohngebiet verteilen. Diese Aufgabe fiel Anwar und Nabil zu.

Es war sehr wichtig, alle religiösen Rituale genau einzuhalten und Gutes zu tun, wie Almosen zu geben. Das erhöhte die Chancen immens, ins Paradies zu kommen am schrecklichen Tag des Gerichts, wenn die guten gegen die bösen Taten aufgewogen würden. Alles wurde aufgeschrieben, nichts wurde vergessen. Und es war am besten, die Zahl seiner guten Werke und Verdienste so weit wie möglich zu vergrößern, solange man noch die Möglichkeit dazu hatte.

Mohammeds Geburtstag – Mawlad al-Nabawwi – wurde ebenfalls mit einem großen Fest gefeiert. Vor jeder Moschee wurden Stühle aufgestellt und besondere Lichter und grüne Spruchbänder angebracht, auf denen Verse standen, die den Propheten verherrlichten. Im Radio und im Fernsehen wurde der Gottesdienst aus der großen Moschee in Damaskus übertragen, an dem auch der Präsident selbst teilnahm. Am Nachmittag ging jeder in den Gottesdienst seiner Moschee am Ort. Später erhielt dann jeder, der gekommen war, eine kleine Tüte mit in Folie verpackten Süßigkeiten von der Moschee.

Die religiösen Feste wurden sowohl zu Hause als auch in der Moschee gefeiert. In der Schule beging man die nationalen Festtage – besonders den Unabhängigkeitstag am 17. Juli und den Tag der Revolution am 8. März. Die Klassenzimmer wurden dekoriert, Reden gehalten und Gedichte aufgesagt, die den Staat und seine Regierung glorifizierten. Was Nabil an diesen Festtagen am meisten gefiel, war, daß es keinen Unterricht und keine Hausaufgaben gab!

4

Im Schatten des Islam

Hasib nahm an Kursen zur religiösen Unterweisung in der Moschee teil, doch anders als Mohammed fühlte er sich nicht dazu berufen, sich tiefer in das weite Feld islamischer Theologie hineinzuarbeiten. Mohammed bekam schließlich Schwierigkeiten mit den Behörden wegen seines Engagements in der Moslembruderschaft. Unter Nur al-Din Attassi begann die Regierung schärfer gegen die Bruderschaft vorzugehen, und auch Mohammed geriet unter Verdacht. Er wurde von der Polizei gesucht, und Hasib half ihm, indem er ihn mehrere Tage in seinem Haus versteckte und ihm dann eine Gelegenheit verschaffte, aus dem Land zu kommen und nach Saudi-Arabien zu fliegen. Dort bekam er schließlich eine Anstellung im Bildungsministerium und ließ sich in Medina nieder.

Wenn sie am Nachmittag aus der Schule kamen, hatten die beiden Jungen an einer religiösen Unterweisung an der Zayd Moschee in der Altstadt teilzunehmen. Die Moschee fungierte als ein islamisches Kongreßzentrum, an dem außerdem Unterricht für alle Altersgruppen erteilt wurde. Dieser Unterricht fand selbst in den Sommerferien statt, und wenn sie ihre Zeit auch hin und wieder gerne anders verbracht hätten, so hätten es die Jungen doch niemals gewagt, ungehorsam gegen ihren Vater zu sein. Nur selten konnten sie für eine oder zwei Stunden entwischen, um mit anderen Jungen in den nahegelegenen Straßen zu spielen. Der Lehrer teilte ihr Fehlen natürlich den Vätern mit, die ihren Söhnen für diese Nachlässigkeit dann gehörig die Ohren langzogen.

Tag für Tag mußten Anwar und Nabil von vier bis sechs Uhr nachmittags in der Moschee sitzen, Abschnitte des Koran auswendig lernen und die Hadith, die Sunna und die Fikh studieren. Anwar schien das Lernen viel mehr Spaß zu machen als Nabil, und alle bewunderten, wie eifrig er bei der Sache war. Nabil langweilte das Ganze zwar, doch tat er, was von ihm erwartet wurde. Besonders eifrig war er, wenn es darum ging, den Koran auswendig zu lernen – Hasib zahlte für jede auswendig gelernte Seite 35 syrische Cents. Am Ende konnte er mindestens drei Viertel des Korans ohne Schwierigkeiten aufsagen.

Hasib prüfte die Schulen in Damaskus sehr genau, um sicherzustellen, daß seine Söhne nur die beste Ausbildung bekamen. Das hatte zur Folge, daß die beiden Jungen mehrere Male die Schule wechseln mußten, was nur auf Grund Hasibs Position als Regierungsbeamter und seiner Beziehungen möglich war, denn dem einfachen Volk war die Möglichkeit des Schulwechsels verschlossen.

Nabil trieb gerne Sport. Er spielte Basketball, Fußball und Volleyball. Auch Arabisch und Mathematik mochte er gern, doch kam er nie an seinen größeren Bruder heran, der ihm stets als Beispiel vorgehalten wurde. Anwar war fleißig und fromm, und obwohl Nabil ihn liebte, erschien er ihm immer hochnäsiger zu werden. Bald konnte er Anwar keine Geheimnisse mehr anvertrauen, und so mußte er sich in der Schule eigene Freunde suchen, die ihn verstanden und seine Interessen teilten. Hasib besorgte seinen Söhnen auch Ausweise für die örtliche Bibliothek und sorgte dafür, daß sie gute Bücher lasen – sie mußten ihm sogar regelmäßig über das Gelesene berichten.

Es war Anwar und Nabil untersagt, in der Schule oder, wenn die Schule vorbei war, wie andere Kinder auf der Straße zu spielen. Ohne ausdrückliche Erlaubnis durften sie mit ihren Freunden nicht spazierengehen, geschweige denn sie zu Hause besuchen. Hasib wollte genau wissen, wer ihre Freunde waren und sorgte stets dafür, daß seine Söhne nur besten Umgang hatten – Jungen aus angesehenen, reichen sunnitischen Familien. Ausgehen durften sie nur in Begleitung ihrer Eltern.

Christliche Jungen durften sie weder besuchen noch zu sich einladen. Christen wurden als unrein angesehen. Sie aßen Fleisch, tranken Alkohol, beteten drei Götter an und begingen die schlimmste Sünde, die ein Moslem sich vorstellen konnte, nämlich den Shirk: Sie vereinigten Gott und Mensch und stellten somit dem Allmächtigen einen Partner zur Seite. Christen waren es auch, denen die unmoralischen Bars, Nachtclubs und Diskotheken von Damaskus gehörten. Kein Moslem, der einen guten Ruf zu verlieren hatte, wäre jemals dorthin gegangen.

Der Chauffeur, den das Ministerium Hasib zur Verfügung gestellt hatte, war ein Christ namens Joseph. Er arbeitete für Hasib, aber ansonsten hatten sie keinen Kontakt zueinander. Er schien genau dem negativen Bild zu entsprechen, das sie in ihren Köpfen von einem Christen hatten: unmoralisch und nur daran interessiert, wo er am billigsten Alkohol kaufen konnte oder in welche Bar er am Abend gehen sollte. Seine Frau ging sogar allein, nur in Begleitung eines seiner Freunde, aus – etwas vollkommen Undenkbares für die Frau eines gläubigen Moslems.

In der Junior High School freundete Nabil sich mit Raymond, einem jungen Christen, an. Eines Tages lud er ihn in das Haus der Madanis ein und bat nachträglich seine Mutter um ihre Erlaubnis.

»Wie ist sein Name?« fragte Fairouz.

»Raymond«, erwiderte Nabil.

»Er ist ein Christ«, schloß sie aus seinem Namen. »Ich werde nicht erlauben, daß er dieses Haus betritt.«

»Warum?« beharrte Nabil. Die einzige Antwort, die er erhielt, war eine schallende Ohrfeige dafür, daß er es gewagt hatte, die elterliche Autorität in Frage zu stellen. Während der kommenden paar Tage mußte er sich fortwährend neue Erklärungen einfallen lassen, warum es gerade jetzt nicht paßte, daß Raymond ihn besuchte. Schließlich geriet die Sache in Vergessenheit.

So wuchsen die Jungen äußerst behütet auf, umgeben von Religion und Familie. Besonders Nabil lehnte sich innerlich gegen diese Enge auf, und oftmals schämte er sich vor seinen freieren Altersgenossen, doch gab es nichts, was er dagegen hätte tun können. Auch stieg immer wieder Neid auf seinen Bruder in ihm auf, der einerseits die Vorrechte des ältesten Kindes genoß und zudem noch der bevorzugte Sohn war. Ob es um Möbel, Kleidung, Fahrräder oder sonst irgendetwas ging: Anwar bekam alles brandneu, während Nabil sich mit dem zufriedengeben mußte, was sein Bruder nicht mehr gebrauchen konnte. Es war einfach nicht gerecht, immer nur an zweiter Stelle stehen zu müssen!

Hasib hätte eine steile Karriere in der Regierung haben können, hätte er sich nicht dem Fundamentalismus zugewandt. Die Ba'ath Partei gewann zunehmend an Einfluß, und die meisten Regierungsbeamten schlossen sich ihr an, um ihre Karriere voranzutreiben. Auch Hasib lud man ein, ihr beizutreten, doch er lehnte ab. Zwar unterstützte er ihre Entwicklungspolitik und ihre militante anti-israelische Haltung, doch ihre anti-religiöse Ideologie konnte er nicht akzeptieren. Daher sah er sich auf die Zuschauerränge verbannt, als einige seiner Freunde auf Ministerposten aufrückten, während er jahrelang die gleiche Stellung behalten mußte. Die Situation war innerlich sehr aufreibend, aber Hasib hatte seine Grundsätze und war nicht bereit, diese aufzugeben. Als Sunnit ärgerte es ihn maßlos, daß ausgerechnet die Alawiten in sämtliche einflußreichen Positionen des Landes aufstiegen, zumal dies noch mit der Einsetzung von Hafiz Assad zum Präsidenten verbunden war.

Es war Syriens Fluch, so glaubte er, daß innerhalb seiner Grenzen so viele kleine Splittergruppen lebten. Die Sunniten machten über sechzig Prozent der Bevölkerung aus, und obwohl sie schon immer die herrschende Klasse gestellt hatten, setzte sich die Bevölkerung Syriens aus einer Vielzahl religiöser und ethnischer Minderheiten zusammen, die alle ein gesondertes kommunales Leben führten. Man gehörte in die Gruppierung, in die man hineingeboren wurde. Es war unmöglich, seine Stellung durch Heirat oder persönliche Anstrengungen zu verändern. Zuallererst hatte man seiner eigenen Gemeinschaft gegenüber loyal zu sein. Pansyrischer Nationalismus war eine moderne Neuerung, die toleriert werden konnte, solange sie nicht mit den tiefverwurzelten traditionellen Loyalitäten in Konflikt geriet.

Die Alawiten, die Drusen und die Ismailiten waren aus den Schiiten hervorgegangen, einer alten islamischen Gruppierung, deren Anhänger Ali, den Vetter und Schwiegersohn des Propheten Mohammed, und dessen Nachkommen als Halbgötter verehrten, ein Glaube, der alle rechtgläubigen Sunniten entsetzte. Mit dreizehn Prozent der Gesamtbevölkerung waren die Alawiten die größte Minderheit. Sie lebten hauptsächlich im Dschebel al-Ansariya, einer Region im Nordwesten Syriens und waren seit Jahrhunderten von den Sunniten als Häretiker verfolgt worden. Dies war nun ihre Stunde der Vergeltung.

Südlich von den Alawiten lebten die Ismailiten, eine sehr viel kleinere Gruppe, deren Vorfahren einmal um ein Haar die gesamte islamische Welt kontrolliert hätten.

Während der Zeit der Kreuzzüge waren sie berüchtigt als die Sekte der Assassinen mit ihrem Anführer, dem »Alten vom Berge«, und alle damaligen Herrscher des Nahen Ostens, Moslems ebenso wie Christen, hatten in Furcht vor ihren Dolchen gelebt.

Die Kurden machten etwa zehn Prozent der syrischen Bevölkerung aus und lebten überwiegend im Nordosten. Obwohl sunnitische Moslems, waren sie keine Araber, sondern sprachen ihre eigene kurdische Sprache und hielten an ihrer alten Stammeskultur fest. Wegen ihres starken Autonomiestrebens wurden sie ständig von den syrischen Sicherheitskräften überwacht.

Außerdem gab es noch die Turkmenen, eine türkisch sprechende Splittergruppe, deren Ursprung auf Stämme zurückgeht, die einst aus Zentralasien nach Anatolien eingefallen waren und es von den byzantinischen Christen erobert hatten.

Ein weiteres Zehntel der syrischen Bevölkerung stellten die Christen, von denen die meisten auf unzählbare Generationen syrischer Vorfahren zurückblicken konnten. Sie waren in der Zeit des Römischen Reiches christianisiert worden und hatten sich dann während der byzantinischen Ära in rivalisierende Kirchenlager gespalten. Da sie von der offiziellen griechisch-orthodoxen Staatskirche verfolgt wurden, hatten die aramäisch, also syrisch sprechenden Jakobiten und Nestorianer die moslemischen Eroberer als Befreier willkommen geheißen. Nach wie vor bewahrten sie ihre alten Rituale und benutzten aramäisch als liturgische Sprache.

Der Regierung verlangte diese ungewöhnliche Mischung ethnischer und religiöser Gruppen einen ungemein schwierigen Balanceakt ab.

Die Zeit an der High School war für Nabil sehr aufregend. Er war nun ein wenig unabhängiger von seinen

Eltern und konnte mehr Zeit mit seinen Freunden verbringen, nach dem Unterricht gemeinsam mit ihnen lernen, sich auf Prüfungen vorbereiten oder an Projekten arbeiten. Er merkte sehr bald, wie günstig sich diese neue Umgebung auf seine Persönlichkeitsentwicklung auswirkte. Zum ersten Mal lernte er die Welt »da draußen« kennen und begegnete völlig anderen Denkweisen und Weltanschauungen.

Dank Hasibs Bemühungen, seinen Kindern nur das Allerbeste zukommen zu lassen, wechselte Nabil dreimal die High School. Zuletzt ging er auf die berühmte Jawdat al-Hashemi Schule, die in einem imposanten Gebäude untergebracht war, welches während der Zeit des französischen Mandats das Parlamentsgebäude gewesen und nach einem syrischen Nationalhelden benannt war. Dieses erstklassige Institut besuchten vor allem die Kinder der angesehensten Familien von Damaskus. Die Eltern waren hohe Regierungsbeamte, Diplomaten, Armeeoffiziere und die reichsten Geschäftsleute. Einige Schüler wurden jeden Morgen von glänzenden Mercedes-Limousinen oder schnittigen Porsches abgesetzt – Statussymbole einer im Luxus schwelgenden Gesellschaft. Nabil schämte sich wegen des düsteren Dienstwagens seines Vaters und bat Joseph, ihn in einiger Entfernung von der Schule abzusetzen, damit seine Freunde nicht sahen, in was für einem Gefährt er gebracht wurde.

Hin und wieder schwänzte er zusammen mit anderen Jungen aus seiner Klasse den Unterricht, und sie gingen ins Stadtzentrum zum Bummeln oder ins Kino. Wenn das herauskam, wurden sie alle zum Direktor bestellt und dieser verlangte dann, daß ihre Väter auf ein Gespräch zu ihm kämen. Diese Aufforderung trug in der Regel zur allgemeinen Erheiterung bei, da die meisten dieser Väter, auch Nabils, solch hohe Positionen innehatten, daß die

Lehrer ebenso wie der Direktor viel zu viel Respekt hatten, als daß sie ihren Sprößlingen irgendetwas angetan hätten.

Doch noch immer drehte sich das Leben um den Islam. Nabil mußte alle Rituale einhalten, und seine Eltern sahen es als ihre Verpflichtung vor Gott an, sein religiöses Leben streng zu überwachen. Jeden Abend fragte Hasib ihn: »Hast du zu den vorgeschriebenen Zeiten deine Gebete gesprochen?« Und selbst wenn er die Gebetszeiten versäumt hatte, fürchtete Nabil die Bestrafung durch seinen Vater so sehr, daß er stets bejahte. Es kam jedoch vor, daß Hasib mißtrauisch wurde. Dann mußte Nabil seine Behauptung beweisen und zog nicht selten eine seiner Schwestern als falschen Zeugen dafür heran, daß er seinen religiösen Pflichten treu nachgekommen war. Seine Lieblingsschwester war Amal, die ihm oft half, wenn er in der Klemme steckte.

Lügen wurde zum normalen Weg, sich aus solch schwierigen Situationen herauszuhelfen, und Nabil mußte zu Dutzenden Ausreden erfinden, um Hasibs Kreuzverhöre durchstehen zu können. Die Religion wurde für ihn mehr und mehr zu einem belastenden Ritual, das man nur aus Angst vor den negativen Folgen einhielt. Ehrlichkeit zahlte sich nicht aus, da es für Übertretungen keine Vergebung, sondern nur harte Strafen gab. So waren kleine Betrügereien der einzige Ausweg aus Problemen. Und diese Tatsache trübte das früher so glückliche Familienleben.

Einige wenige Schüler in seiner Klasse waren Christen, und Nabil freundete sich mit Edmund an, dessen Vater eine hohe Stellung in der Regierung innehatte, so daß Hasib seinem Sohn nicht verbieten konnte, Edmund zu besuchen. Hin und wieder ging Nabil zum Lernen mit zu Edmund nach Hause. Dessen Familie lud ihn dann ein, zum Essen zu bleiben, und manchmal sagte er zu. Er stellte fest, daß diese Christen, die man ihm beigebracht hatte zu hassen, eine viel unkompliziertere Beziehung zu ihren Eltern und zu ihrer Religion hatten. Nicht Furcht stand im Mittelpunkt, sondern Aufrichtigkeit und Vertrauen. Die Kinder hatten die Freiheit, ihren Eltern die Wahrheit zu sagen darüber, wo sie gewesen waren und was sie getan hatten. Sie gingen nicht zum Gottesdienst, weil sie es mußten, sondern weil sie es gern taten. Das brachte Nabil zum Nachdenken. Was machte den Unterschied aus?

Anwars Erfahrungen auf der High School waren dagegen vollkommen anderer Natur. Er trat der Moslemischen Schülervereinigung bei und nahm regelmäßig an den Gebetszeiten und den Unterweisungen im Koran teil. Hasib bemerkte den Unterschied zwischen seinen beiden Söhnen, und oft kritisierte er Nabil: »Du hast dir die falschen Freunde ausgesucht. Sie haben einen schlechten Einfluß auf dich. Halt dich von ihnen fern. Du solltest versuchen, wie dein Bruder zu sein – er hat den richtigen Umgang, und ich kann mich darauf verlassen, daß er seinen religiösen Pflichten nachkommt. Ihn muß ich nicht fragen, wo er gewesen ist oder was er getan hat – bei ihm weiß ich, daß er sich richtig verhält.« Nabil kam sich minderwertig vor. Warum war Anwar so viel besser als er? Warum war er immer der gute Junge und Nabil das schwarze Schaf der Familie? Es war einfach nicht gerecht!

Trotz all dieser Probleme kam Nabil in der Schule gut zurecht und schloß mit guten Noten ab – aber nicht gut genug für Hasib. Anwar hatte als Bester seines Jahrgangs abgeschlossen und begann nun ein Studium als Hoch- und Tiefbauingenieur an der Universität von Damaskus. Hasib hatte gehofft, Nabil würde das Gleiche tun, denn an den syrischen Universitäten war das Ingenieurwesen zu jener Zeit als Studienfach am höchsten angesehen. An den technischen Fakultäten wurde man nur mit den besten Noten zugelassen, man mußte ein wahres Genie sein. Die Regierung hatte einen großen Bedarf an Ingenieuren, daher bekamen sie die höchsten Gehälter und waren sehr hoch angesehen. Nabils Noten waren jedoch nicht gut genug für diesen Studiengang. Daher wurde, wie es üblich war, der Familienrat zusammengerufen, um die Angelegenheit zu besprechen.

Nabil schlug vor, er könne ja ins Ausland gehen und in den USA oder Großbritannien studieren, wie es einige seiner Freunde vorhatten, aber Hasib und Fairouz waren strikt dagegen. Die Dekadenz des Westens würde ihm nicht gut bekommen, und sie als Eltern hätten dann überhaupt keinen Einfluß mehr auf ihn. Schließlich wurde beschlossen, Nabil solle sich an der Universität von Damaskus für den Studienzweig Rechnungswesen einschreiben.

Da Studenten für die Dauer ihres Studiums vom Militärdienst freigestellt waren, konnten Anwar und Nabil das Leben an der Universität wirklich genießen.

Anwar war, wie gewöhnlich, ein hervorragender Student. Er bekam die besten Noten und gewann mehrere Auszeichnungen. Außerdem engagierte er sich stark in moslemischen Studentengruppen und wurde, ohne daß sein Vater es erfuhr, Mitglied in der extremen Moslembruderschaft. Nabil dagegen suchte sich seine Freunde unter den »normalen« Studenten. Gemeinsam gingen sie auf Parties und zum Tanzen in die Disco. Studieren war in Ordnung, aber man mußte das Leben genießen – und gab es eine bessere Zeit, das Leben zu genießen, als die Studienzeit?

Hasib und Fairouz machten sich Sorgen um ihren jüngeren Sohn. Er nahm seine Religion nicht ernst genug, und es mußte etwas dagegen getan werden. Sie warnten Nabil vor den Gefahren des Höllenfeuers und ermahnten ihn, regelmäßig zu beten und den Koran zu studieren. Sie erinnerten ihn, daß es keine Vergebung für Sünden gleich welcher Art gab – es bestand nur die einzige Möglichkeit, seine Vergehen durch gute Werke auszugleichen. Die zwei Engel waren stets damit beschäftigt, gute wie böse Taten zu registrieren, und erst der Tag des Gerichts würde offenbaren, welche Seite überwog. Er solle lieber jetzt sein Bestes geben, sonst sei es zu spät!

Sie stellten ihm Anwar als Beispiel vor Augen und sagten, er komme nur deshalb so gut voran, weil er sich seine Freunde stets wohlüberlegt ausgesucht habe. Sie erinnerten Nabil an seine Frömmigkeit als Kind und daran, daß er fast den gesamten Koran auswendig gelernt hatte. Warum hatte er sich so verändert? Konnte er nicht einfach ihrem Beispiel folgen und zufrieden sein?

Schließlich, gegen Ende seines ersten Jahres an der Universität, wurde ein weiteres Mal der Familienrat einberufen, um zu entscheiden, was mit Nabil geschehen solle. Die Eltern, der ältere Bruder und der strenge Onkel, der zu Besuch aus Saudi-Arabien in Damaskus war, hatten sich versammelt, um gemeinsam einen Ausweg zu finden. Mohammed, Fairouz' fanatisch-religiöser Bruder, hatte schließlich eine Eingebung: Schickt den Jungen auf die Pilgerfahrt (den Hadsch) nach Mekka! Ohne Zweifel werde diese höchste aller religiösen Pflichten und Erfahrungen seine Seele von allen Bindungen an weltliche Freuden reinigen. Dort werde Gott in seinem Herzen wirken und ihn so verändern, daß er wie sein Bruder und sein Onkel werde. Nach der Tradition wird jeder, der am Hadsch teilnimmt, von neuem geboren – alle Sünden werden abgewaschen. Ihr Ziel war es, daß er aufhörte, Jeans zu tragen, sich einen Bart wachsen ließ und zu einem perfekten

Moslem würde, der alle Traditionen und Gebote hielt. Sie hätten alles darum gegeben, dies an ihm geschehen zu sehen.

Nabil wehrte sich mit aller Kraft gegen diese Idee. Er war erst neunzehn, und der Hadsch war für alte Männer! Diese Pilgerfahrt sollte als Buße für die Sünden eines ganzen Lebens dienen – also warum nicht warten, bis er fünfzig war und eine beträchtliche Menge an Sünden aufgehäuft hatte? Dann würde sich der Hadsch wirklich lohnen! Und was würden seine Freunde sagen, wenn er jetzt ginge? Sie würden ihn auslachen! Überhaupt war er doch fromm genug. Er glaubte an den Einen Gott und an seinen Propheten. Er betete regelmäßig und gab Almosen. Er fastete während des Ramadans – was verlangten sie denn noch mehr von ihm?

Aber sie beachteten ihn gar nicht und besprachen weiter ihre Pläne. Als schließlich alle Vorbereitungen getroffen und die Fahrkarten gekauft waren, blieb ihm keine andere Wahl mehr. Seine Freunde an der Universität machten Witze und lachten über ihn. Welch ein junger Hadschi! Es war ihm furchtbar peinlich, aber er konnte nicht mehr zurück. So wurde er schließlich an einem strahlenden Herbsttag des Jahres 1976 zum Versammlungspunkt für die Pilger gefahren, bekam sein Geld und seine Papiere in die Hand gedrückt, und dann begleitete man ihn zu dem Bus, der ihn den ganzen Weg bis hin zur heiligen Stadt Mekka bringen sollte.

5

Der Hadsch

Nabil verließ Damaskus in einem Konvoi von sechs Bussen, der eigens zu dem Zweck zusammengestellt worden war, syrische Pilger nach Mekka zu bringen. Es war Herbst, und sie benutzten die alte Pilgerstraße über Amman und Ma'an in Jordanien bis nach Tabouk in Saudi-Arabien und weiter über Medina nach Mekka.

Der Konvoi war gut organisiert: Jeder Bus verfügte über ausreichend große Wasserbehälter, es gab einen Reiseführer, der sich um jedes Problem kümmerte, außerdem gehörten ein Sanitätsfahrzeug mit einem Arzt und einer Krankenschwester sowie ein gesonderter LKW für das Gepäck der Pilger dazu.

Alljährlich fand diese Massenbewegung syrischer Pilger zum Hadsch nach Mekka statt. Vor 1300 Jahren war die Tradition entstanden, in jedem Jahr eine Kamelkarawane von Damaskus aus in die heilige Stadt des Islam zu schicken. Die Organisation dieser Karawanen war stets die Verantwortung des Herrschers von Damaskus gewesen, wo sich Moslems aus ganz Syrien, aus dem Irak, dem Iran und sogar noch weiter östlich gelegenen Ländern versammelten. Dies gehörte zum Vorrecht, Teil der weltweiten Umma, der islamischen Nation, zu sein, die sichtbar wurde in Millionen von Pilgern, welche aus fast jedem Land der Welt in die heilige Stadt strömten, um diese Säule ihres Glaubens zu erfüllen.

Sie durchquerten die weiten, eintönigen Wüstenregionen und erreichten Mekka am vierten Tag. Die Pilger waren sehr aufgeregt. Endlich waren sie in Mekka, der

»Gesegneten«, der »Mutter aller Städte«, dem Zentrum der islamischen Welt, angelangt. Für sie war es eine sehr tiefgehende Erfahrung, schließlich hatten einige von ihnen ein Leben lang gespart, um an dieser Reise teilnehmen zu können.

Die Gruppe war in angemieteten Wohnungen ganz in der Nähe der Heiligen Moschee untergebracht. Dort hatten sie Zeit, sich frischzumachen und das besondere weiße Gewand (Ihram) anzulegen, das von allen Pilgern getragen wurde. Dann sollten sie ihrem Führer in die große Moschee folgen, um die erste der Pflichten zu erfüllen, den siebenfachen Gang um die Kaaba, den ehrwürdigen Schrein im Zentrum der Moschee und den Mittelpunkt islamischer Frömmigkeit.

Nabil zog sich nicht das Ihram über, sondern ging in Jeans und T-Shirt. Obwohl Hasib ihn gemahnt hatte, das Gewand sofort bei seiner Ankunft in Mekka zu kaufen, versäumte er es. Er meinte, er könne es auch noch später besorgen. Es war der kindische Versuch aufzubegehren, anders zu sein. Seine Mitreisenden hatten für dieses Verhalten kein Verständnis, sie waren schockiert. Als er die Kaaba zum ersten Mal zu Gesicht bekam, hielt er in seinen Gebeten inne und murmelte einen persönlichen Wunsch, denn seine Mutter hatte ihm versichert, daß jeder Wunsch, den man beim ersten Blick auf den heiligen Ort ausspricht, von Gott gewährt wird. Nabil hatte es vermieden, aus dem Busfenster zu schauen, als sie sich dem Stadtzentrum genähert hatten, damit er die Erfüllung dieses ganz besonderen Wunsches nicht aufs Spiel setzte.

Die große Moschee bietet Raum für 300.000 Menschen, und an ihren vielen Toren sorgen Wächter für Ordnung. Einer von ihnen bemerkte Nabil, verpaßte ihm mit seinem Knüppel einen Schlag auf den Kopf und befahl ihm, den heiligen Ort zu verlassen. Erst wenn er das vorgeschriebene Ihram übergezogen habe, dürfe er die Moschee betreten. Statt zu gehorchen, benutzte Nabil ein anderes Tor, wo die Wachen ihn in der vorbeidrängenden Menschenmenge nicht bemerkten. Er hatte seine Gruppe verloren, aber nach ihr zu suchen, hatte keinen Sinn in der Masse von Menschen, die sich um die Kaaba in der Mitte des zentralen, offenen Platzes der Moschee herumschoben. Das einzige, was er tun konnte, war, die Rituale für sich alleine zu vollziehen und anschließend am vereinbarten Treffpunkt außerhalb der Moschee wieder zu den anderen zu stoßen.

Nun, da er sich im Inneren des bedeutendsten Heiligtums des Islam befand, überkam ihn ein Hochgefühl. Schließlich war dies das Haus Gottes, der Ort, den Abraham auf Gottes Weisung hin errichtet hatte. Er spürte förmlich die Gegenwart einer heiligen und allmächtigen Gottheit.

Er wurde vollkommen eins mit den Menschenmassen um ihn herum. Siebenmal liefen sie gegen den Uhrzeigersinn um die heilige Kaaba, zitierten Verse aus dem Koran und riefen das für diese Gelegenheit bestimmte Gebet der Unterwerfung:

»Labbayka, Allahumma, Labbayka. Labbayka, la sharika lak. Labbayka, inna al-hamda wal-ni'imata lak, walmulk!...« (»Dir zum Dienst bereit, mein Gott, dir zum Dienst. Niemand ist dir gleich, dein ist das Lob, die Gnade und das Königreich!«)

Es war ein bewegendes Erlebnis. Alle Pilger wollten so nahe wie möglich an den Schrein herankommen, damit sie ihn berühren und küssen und sich damit besondere Vergebung verdienen könnten. Wem es gelang, den schwarzen Stein auch nur zu küssen, der würde das Höllenfeuer niemals sehen, selbst wenn die Engel versuchen sollten, ihn hineinzustoßen. Es war schwierig und gefährlich, sich seinen Weg zum inneren Ring in die Nähe des Schreins zu bahnen. Jedes Jahr wurden einige Pilger zu Tode getrampelt, weil die Menge wegen der von hinten nachrückenden Menschen nicht anhalten konnte. Je näher man der Mitte des Platzes kam, desto stärker wurde geschoben und gedrängelt.

Einige afrikanische Pilger hatten eine wirkungsvolle Technik entwickelt, mit Hilfe derer sie zum Schrein gelangen und ihn berühren konnten. Ihre stärksten Männer bildeten einen Kreis, in dessen Mitte sie die Frauen und Kinder gehen ließen. Die Männer des äußeren Rings faßten sich bei den Händen und schwangen diese im Rhytmus ihrer Gebete auf und ab. Wehe denjenigen, die beim Versuch, die Gruppe zu durchbrechen, von den kraftvollen Armen getroffen wurden – wer hinfiel, hatte wenig Chancen, jemals wieder aufstehen zu können.

Einige Pilger hatten ihre Särge mitgebracht, die sie gegen Bezahlung im Wasser der Zamzam-Quelle waschen und dann für einige Augenblicke gegen die Wand der Kaaba lehnen ließen. Wenn sie dann heimkamen, baten sie ihre Familien, dafür zu sorgen, daß sie in genau diesen Särgen beerdigt würden. Nur so waren sie auf ewig vor der Hölle sicher.

Bevor sie in die Moschee hineingegangen waren, hatte der Leiter der Gruppe ihnen einen wichtigen Rat mitgegeben: »Nehmen Sie weder Bargeld noch Wertsachen mit hinein; es gibt immer ein paar Taschendiebe in der Menge. Wenn Sie sehen, daß jemand hinfällt, versuchen Sie nicht, ihm zu helfen – es könnte das Letzte sein, was Sie tun. Gehen Sie immer weiter; es ist Aufgabe der Wachen, zu versuchen, ihn zu retten.«

Nabil gelang es schließlich, die Wand der Kaaba und das sie bedeckende, reich bestickte, seidene Tuch zu berühren (die Kiswa, die jedes Jahr von ägyptischen Pilgern gegen ein neues Tuch ausgetauscht wird). Zum Schwarzen Stein selbst, der von Adam an diese Stelle gelegt worden war, konnte er jedoch nicht vordringen. Als er die siebte Runde hinter sich gebracht hatte, war Nabil sehr zufrieden mit sich. Er ging dann an die Stelle, wo Abraham gebetet haben soll – sie war deutlich gekennzeichnet – und sprach dort einige Gebete. Auch diese Handlung bringt Verdienste für den Tag des Gerichts ein. Die nächste Station war die heilige Zamzam-Quelle, wo er von dem geweihten Wasser trank und ein weiteres Gebet sprach.

Schließlich begab sich Nabil zu Safa' und Marwa, den beiden Hügeln, zwischen denen Hagar auf der Suche nach Wasser siebenmal hin- und hergelaufen war, nachdem Abraham sie mit Ismael in die Wüste geschickt hatte. Die zwei Hügel liegen etwa 800 Meter voneinander entfernt, und Nabil legte die Strecke, wie vorgeschrieben, siebenmal sowohl gehend als auch laufend zurück. All diese heiligen Stätten befinden sich auf dem Gebiet der großen Moschee – ein weitläufiges, überdachtes Gelände aus Felsen und Marmor, das sogar, der modernen Zeit gemäß, klimatisiert ist. Nabil hatte nun die Rituale des ersten Tages vollendet und kehrte auf sein Zimmer zurück.

Wie es der Brauch verlangte, blieben sie noch zwei weitere Tage in Mekka. Es war sehr heiß, und Nabil fand das Wasser ungenießbar, so daß er sich an Cola hielt. Einige Familien luden ihn in wahrer arabischer Gastfreundschaft zu den Mahlzeiten ein. Fünfmal am Tag nahmen dann alle zusammen an den Gebetszeiten in der Moschee teil.

Am vierten Tag nach ihrer Ankunft fuhren sie mit den Bussen nach Mina, einige Kilometer außerhalb von Mekka, wo sich alle Pilger zwei Tage lang auf den Hauptteil des Hadsch vorbereiteten. Das große Lager, das dort errichtet worden war, war nach Ländergruppen und kleineren Untergruppierungen aufgeteilt. Damit man sich besser zurechtfand, wehte an einer Fahnenstange im Zentrum eines jeden Abschnitts die Flagge des jeweiligen Landes. Ihre Gruppe wurde zu der für sie bestimmten Ecke im syrischen Lager geführt, wo sie andere Pilger aus ihrer Heimat trafen. Auch der Leiter der Moschee in Nabils Nachbarschaft war dort. Er freute sich, Nabil zu sehen und nahm ihn unter seine Fittiche (einige Jahre später, 1984, mußte er wegen seines Kontakts zur Moslembruderschaft aus Syrien nach Saudi-Arabien fliehen). In diesen zwei Tagen rezitierten sie den Koran, beteten und hörten Predigern zu.

Am neunten Tag des islamischen Pilgermonats Dhu al-Hijjah schnitt sich Nabil einen Teil seiner Haare und seine Fingernägel und schlüpfte in ein sauberes weißes Gewand, das seine rechte Schulter unbedeckt ließ. Dann ging er vom Lager aus zu Fuß die fast fünf Kilometer zu der Stelle, an der Abraham und Mohammed den Teufel besiegt hatten. Dort warf er Steine auf die drei Säulen, die Shaitan, Satan, darstellen, wobei er achtgeben mußte, nicht selbst von den Steinen der anderen Pilger getroffen zu werden. Von dort ging es mit der schäumenden Menschenmenge weiter zum Berg Arafat, dem Berg der Barmherzigkeit. Die Pflichten dieses Tages sind der Mittelpunkt der Pilgerfahrt, denn sie sind durch den Koran vorgeschrieben, während die übrigen Rituale der Tradition der Sunna entstammen. Manche Moslems, die keine Zeit für die gesamte Pilgerfahrt haben, kommen nur für diesen einen Tag nach Mekka, um ihre Pflichten als Pilger zu erfüllen. Jeder, der am Hadsch teilgenommen hat, hat Anrecht auf den Titel »Hadschi«, was ihm in seiner Heimat großes Ansehen bringt.

Schließlich ging es zurück zum Lager, wo man den Rest des Tages wieder damit verbrachte, Gebete zu rezitieren und Predigern zuzuhören. Hunderttausende von Pilgern aus allen Teilen der islamischen Welt waren nun an diesem einen Ort versammelt, denn dies war eine sehr heilige Zeit. Nabil war schockiert, als er feststellte, daß der Prediger mehr über Politik als über Religion sprach. Er steigerte sich in seine Kritik an der Regierung, die er für nicht islamisch genug hielt, so sehr hinein, daß er auch seine Zuhörer mitriß. Einige von ihnen wurden hysterisch, Frauen schrieen und weinten, und ein Mann wurde sogar ohnmächtig und mußte ärztlich behandelt werden. Nabil fand das Ganze geschmacklos, ein unwürdiges Ende dieses heiligsten aller Tage.

Der Nachmittag war sehr sonnig mit einem wolkenlosen Himmel. Plötzlich erschien wie aus dem Nichts eine Wolke und ließ einen heftigen Regenguß über dem Lager niedergehen. Das war in dieser Gegend ein für die Jahreszeit äußerst ungewöhnliches Ereignis, und die Menschen sagten, es sei ein Zeichen von Gott gewesen, daß er diesen Hadsch gnädig angenommen habe. Als sie später nach Damaskus zurückkehrten, war es immer noch in aller Munde: Gottes besonderes Zeichen beim Hadsch.

Zurück in Mekka, gingen sie wiederum siebenmal um die Kaaba und liefen siebenmal die Strecke zwischen Safa' und Marwa. Die Menschen um ihn herum waren zu Tränen bewegt und fühlten Gottes besondere Gegenwart und Gnade – doch Nabil empfand diesmal keine Freude, keinen Frieden, ihm fehlte jegliches besondere Gefühl. Es war eine bloße Pflichtübung, die er hinter sich bringen mußte, und das tat er, jedoch ohne daß sein Herz von der Ekstase der Menge berührt worden wäre.

Der Hadsch lag hinter ihm, und Nabil hatte alle Rituale vollzogen. Nun war er offiziell ein Hadschi! Man würde ihn Hadschi Nabil Madani nennen – ein seltsames Gefühl.

Am nächsten Tag kehrten sie alle nach Mina zurück, um das 'Id al-Adha (Opferfest) zu begehen, dessen vier Tage dauernde Zeremonien den Hadsch abschlossen. Auf dem Markt kaufte Nabil ein Schaf, das er gegen Bezahlung rituell schlachten ließ, so wie es für das Opfer erforderlich war. Er durfte nur ein kleines Stück von dem Fleisch für sich behalten, der Rest mußte an die Armen und Bedürftigen verteilt werden. Alle anderen hatten auch ihr eigenes Schaf gekauft und saßen nun fröhlich an den Feuern und ließen es sich schmecken. Nabil dachte über diese ungeheuere Verschwendung nach, denn die Reste konnten wegen des heißen Klimas nicht aufgehoben werden, und vieles wurde einfach weggeworfen.

Als das Fest vorüber war, schloß Nabil sich einem Teil seiner Gruppe an, der nach Medina, der zweitwichtigsten Stadt des Islam, weiterfuhr, während sich der Rest der Gruppe auf den Heimweg nach Damaskus machte. Bei ihrer Ankunft, nach 425 Kilometern in ihrem klimatisierten Reisebus, wurden sie wiederum in angemieteten Wohnungen im Stadtzentrum in der Nähe der Moschee des Propheten (Masjad ash-Sharif) untergebracht, in der sich das Grab Mohammeds befindet. Nabil machte sich auf seinem Zimmer frisch und ging dann hinunter, um sich mit seinem Onkel Mohammed zu treffen, der in Medina wohnte und gekommen war, um ihn abzuholen. Gemeinsam besuchten sie Mohammeds Grab im Zentrum der Moschee mit ihrer grünen Kuppel. Die Moschee war so groß, daß in ihr bequem eine halbe Million Menschen Platz hatten.

Für diesen Besuch gibt es ebenfalls ein spezielles Ritual, das Ziyyarah, bei dem man sich vom Tor des Friedens her dem Grab nähert und an bestimmten Stellen die dafür vorgesehenen Gebete spricht. Für Nabil war es ein bewegendes Erlebnis. Nachdem er sein ganzes Leben lang von dem Propheten gehört hatte, für welchen allein, so sagt es die Tradition, Gott die Welt erschaffen hat, empfand er es als sehr aufregend, nun selbst in der Stadt der Hedschra an dessen Grab zu stehen. Plötzlich schien das, was er in all den Jahren gelernt hatte, Wirklichkeit zu werden. Neben dem Grab saßen Menschen und rezitierten den Koran, manche von ihnen blieben sogar zwei oder drei Tage und wiederholten immer und immer wieder das gesamte Buch. Auch hier drängten sich unzählige Menschen und versuchten, das von einem goldenen Vorhang verhüllte Grab zu berühren. Frauen weinten, und Männer warfen Geld auf den Boden neben der heiligen Stätte. Wem es gelang, das Grab zu berühren, dem würden alle Sünden vergeben werden!

Neben dem Grab des Propheten befanden sich die Gräber der zwei ersten »recht geleiteten« Kalifen Abu Bakr und Omar I., die, nach Mohammed selbst, als die herausragendsten Persönlichkeiten des Islam gelten. Sie beteten an den Grabstätten und gingen dann in die Stadt, um etwas zu essen. Onkel Mohammed war sehr gastfreundlich und großzügig. Nabil blieb in seinem Haus, wo er als Ehrengast behandelt wurde. Seine Tante bekam er nicht zu Gesicht. Sie sprach mit ihm nur durch die geschlossene Tür, begrüßte ihn, fragte ihn nach der Familie in Syrien und richtete ihm Grüße für sie aus. Sein Onkel war wirklich sehr streng, was das Einhalten religiöser Vorschriften anbelangte. Fünfmal am Tag mußte er ihn zu den Gebetszeiten in die Moschee begleiten; im Laufe der vier Wochen, die er dort blieb, wurde es ihm zunehmend langweilig. Ein gewisser Ausgleich waren die gelegentlichen Ausflüge mit seinem Onkel in die Stadt und die nähere Umgebung. Er mochte Medina; die Stadt war eine Oase mit vielen Bäumen und Wasserläufen. Mekka dagegen war trocken und öde. Sie machten Picknicks, gingen einkaufen und besuchten die Schule, wo sein Onkel lehrte, sowie die Moschee, die Mohammed bei seiner Ankunft in der Stadt errichtet hatte.

Mohammed hätte Nabil gerne in Medina behalten. Er bot an, ihm einen Studienplatz an der zentralen Saudi Shari'a Universität zu verschaffen und das zum Studium erforderliche Visum. Aber Nabil wollte davon nichts hören. So schnell wie möglich wollte er die bedrückende religiöse Atmosphäre in Saudi-Arabien und in dem Haus seines Onkels hinter sich lassen und in die relative Freiheit der Universität von Damaskus zu seinen liberaleren Freunden zurückkehren.

Zu dieser Zeit des Jahres war es unerträglich heiß in Saudi-Arabien, und Nabil litt sehr unter der Hitze. Die Saudis unterschieden sich stark von den Syrern. Immerhin waren sie größtenteils Beduinen, von denen sich einige erst vor kurzem in den Städten niedergelassen hatten – es gab daher kein gebildetes Bürgertum wie in Syrien. Selbst die wohlhabendsten unter ihnen waren in ihren Herzen wie in ihrem Verhalten immer noch die rauhen Wüstennomaden, verwurzelt im extremen Gedankengut des wahhabitischen Islam. Nabil beeindruckten die Größe des Landes, der großen arabischen Halbinsel, sowie die erkennbaren Bemühungen der Regierung, die Entwicklung und den Fortschritt voranzutreiben. Einige der Gelder aus dem Ölexport wurden zum Wohl des ganzen Landes eingesetzt. Das wurde deutlich am guten Zustand der Straßen und an den neu errichteten Gebäuden. Andererseits versuchten die Saudis, trotz ihres Reichtums, soviel wie möglich aus den Pilgern herauszuholen. Man mußte für das Visum bezahlen, für die offiziellen Führer, für das Betreten der heiligen Stätten, für die Opfer – und ein großer Teil des dabei eingenommen Geldes floß in den Behördenapparat.

Nabil war erleichtert, als er nach etwa vierzig Tagen in Saudi-Arabien endlich wieder nach Syrien und zu seinen Freunden an der Universität zurückkehren konnte. Er war eine gefeierte Persönlichkeit. Die Familie und seine Freunde drängten sich darum, ihn zu sehen, ihn zu umarmen, zu berühren, etwas von dem besonderen Segen (baraka) zu erhaschen, der einem Hadschi anhängt. Er galt jetzt als ein vollkommen neuer Mensch, ohne Sünde, so frisch und rein wie ein eben erst geborenes Baby. Drei Tage lang saß er nur zu Hause, während sich die Besucher die Klinke in die Hand gaben, und mußte jedem über den Hadsch berichten. Alle sagten, sie wünschten, sie hätten auch gehen können. Er war ein Held – doch freuen konnte er sich über all die ihm zuteil werdende Aufmerksamkeit nicht.

Die Familie hatte erwartet, er würde einige Erinnerungsstücke von der Pilgerreise mitbringen – Datteln aus der heiligen Stadt, heiliges Wasser aus der Zamzam-Quelle, etwas heiligen Sand – doch Nabil hatte sich über so etwas keine Gedanken gemacht, und seine Mutter war enttäuscht.

Als er wieder an die Universität kam, machten seine Freunde sich lustig über seine Pilgerreise und nannten ihn einen »heiligen Mann«, einen »Hadschi«.

»Gib uns deinen Segen, Hadschi Nabil«, sagten sie, »laß uns dich berühren und teilhaben an deinem Heil.«

Es dauerte eine Weile, bis sich die Aufregung legte.

Seine Eltern beobachteten ihn aufmerksam, um zu sehen, ob sich wirklich Veränderungen zeigten. Bald mußten sie feststellen, daß der heilige Hadsch nicht sehr viel bei Nabil bewirkt hatte. Besonders Fairouz machte sich Sorgen und sprach viel mit ihrem Sohn darüber, wie wichtig es sei, die rechte Einstellung gegenüber Gott und den religiösen Forderungen des Islam zu haben. Sie ermutigte ihn, das Gebet nicht zu vernachlässigen, in die Moschee zu gehen, den Koran zu lesen und ein frommer Moslem zu sein.

»Nabil«, sagte sie, »ich höre den Ruf des Muezzin. Gehst du nicht mit deinem Vater zum Gebet in die Moschee?«

»Oh, ich muß das hier noch fertigmachen«, antwortete er dann. »Ich komme in ein paar Minuten nach.«

Er kam nicht. Später erfand er Entschuldigungen. Er sei so beschäftigt mit seinem Lernstoff gewesen, daß er für sich allein in seinem Zimmer gebetet habe. Oft kam es zu Streit und Meinungsverschiedenheiten. Es wurde ihm zur Gewohnheit, seine Eltern zu belügen, um ihrem ständigen Druck zu entkommen.

Zwar kam er seinen religiösen Verpflichtungen noch nach, doch war das seinen Eltern nicht genug. Um ein wirklich guter Moslem zu sein, mußte er viel weiter gehen – er sollte sich einen Bart stehen lassen, sich einen berühmten Sheikh als Lehrer suchen und bei ihm das Denken, die Traditionen und die Kommentare seiner sunnitischen Shafi-Schule studieren.

Nabil hatte sich immer für einen guten Moslem gehalten – er glaubte, er betete, er fastete, er gab Almosen und hatte sogar den Hadsch vollzogen – was wollten sie denn noch von ihm? Aber all das war ihnen nicht gut genug! Er wurde zunehmend frustriert und verärgert. Warum konnten sie ihn nicht in Ruhe lassen? Schließlich konnten sie ihn nicht zu etwas zwingen, das er nicht wollte! Er würde sich weiterhin an die grundlegenden Rituale halten, wenn sie ihn in Frieden ließen – wenn sie aber nicht damit aufhörten, ständig Druck auf ihn auszuüben und ihn zu überwachen, würde er sich vollkommen vom Islam abwenden. Religion sollte eine rein persönliche Angelegenheit sein – für wen hielten sie sich denn eigentlich, daß sie andauernd versuchten, ihn umzukrempeln? Nabil gewöhnte sich an, seinen eigenen Weg zu gehen und kleine Schwindeleien und Ausreden zu erfinden, um sie von sich fernzuhalten.

6

Studienjahre

Als Nabil in die Welt der Universität zurückkehrte, lebte er sich dort wieder gut ein. Sein bester Freund war Kamal, der, wie Nabil, aus einer guten sunnitischen Familie aus der Nachbarschaft der Madanis kam und mit dem er seit der Grundschule zusammen war. Kamal wanderte später, nachdem er sein Studium abgeschlossen hatte, nach Amerika aus.

Ein anderer guter Freund war Ibrahim, ein Palästinenser, der ebenfalls in ihrer Nachbarschaft wohnte. Er war ein sehr guter Student, und sie unternahmen viel gemeinsam. Doch Hasib versuchte es zu unterbinden, daß sich diese Freundschaft zu sehr vertiefte. Palästinenser waren anders und daher kein guter Umgang. Sicher, man unterstützte ihre Sache gegen die Israelis und, wenn nötig, kämpfte man sogar für sie, aber ein angemessener Abstand mußte gewahrt werden. Hasib hatte schon diverse Heiratsanträge für seine Töchter abgewiesen, die von angesehenen Palästinensern gestellt worden waren. Die sunnitische Elite von Damaskus blickte auf sie herab – wie auf so viele andere Gruppen. Die alten Stammesrivalitäten und -tabus hielten sich immer noch äußerst hartnäckig.

Im Herzen von Damaskus, gleich hinter dem Messegelände, lag der Campus. Die alten Gebäude im französischen Kolonialstil und die wunderschönen Grünanlagen machten das Gelände sehr anziehend. Später wurde etwas weiter außerhalb ein neuer Campus für die Geisteswissenschaften angelegt.

Manchmal, wenn Nabil von der Universität kam, schlich er sich in eine christliche Kirche, weil er wissen wollte, wie die Christen ihren Gottesdienst feierten. Als er sich wieder einmal verstohlen in die hinteren Bänke einer orthodoxen Kirche drückte, bemerkte ihn der Chauffeur seines Vaters, Joseph. Nabil bekam es mit der Angst zu tun. Wenn nun Joseph seinem Vater erzählte, daß er ihn gesehen hatte? Das würde ihm Probleme ohne Ende einbringen. In dieser Nacht tat Nabil kein Auge zu, und am Morgen rief er sofort Joseph an und bat ihn, niemandem davon zu erzählen. Joseph versprach es, und er hielt Wort.

»Aber warum hast du das überhaupt getan?« fragte Joseph.

»Ach, ich wollte einfach nur mal sehen, wie Christen beten. Es war reine Neugier«, erwiderte Nabil.

Nabil war ein sehr in sich gekehrter junger Mann. Irgendetwas schien ihn stets davon abzuhalten, mit seiner Familie über seine wahren Gefühle und tiefsten Gedanken zu sprechen. Sein Vater war zu streng und unnahbar, seine Mutter behandelte ihn immer noch wie einen kleinen Jungen. Anwar war zu hochnäsig und zu sehr mit Religion beschäftigt und damit, Druck auf Nabil auszuüben. Nabil wollte mit den extremen Kreisen, in denen Anwar sich bewegte, nichts zu tun haben; und das ließ eine Mauer zwischen ihnen entstehen. Nur Amal, seine zweitälteste Schwester, verstand ihn. Bei ihr fühlte er sich wohl, und ihr konnte er einige seiner Geheimnisse anvertrauen, seine romantischen Gefühle für das eine oder andere Mädchen, seine Gedanken über das Leben. Sie stand ihm auch stets zur Seite, wenn er mit Hasib aneinandergeriet.

Onkel Mohammed überredete Hasib, seine Töchter nicht an der Universität studieren zu lassen. Sie alle hatten die High School abgeschlossen und hätten nur zu gern eine weiterführende Ausbildung begonnen. Sie bettelten und weinten, auch Fairouz war auf ihrer Seite und unterstützte sie nach Kräften, doch alles ohne Erfolg. Die Universität würde einen schlechten Einfluß auf sie haben und sie in einer Weise der Außenwelt preisgeben, wie dies keinem anständigen moslemischen Mädchen geschehen dürfe. Das einzige, was es für sie zu tun gab, war, daheim zu bleiben, bis sie verheiratet würden – je früher, desto besser.

Jamileh war die erste der Töchter, für die eine Verbindung arrangiert wurde. Ihr Bräutigam war ein Elektroingenieur, ein sehr religiöser junger Mann, der in der örtlichen Moschee eine Studiengruppe leitete – er war dort einer von Nabils Lehrern gewesen.

Amal, Nabils Lieblingsschwester, wurde an einen Geschäftsmann aus einer sehr angesehenen Familie verheiratet, der Ersatzteile für Autos importierte. Obwohl er ein guter Moslem war, hatte er weniger strenge Ansichten und war toleranter. Oftmals verteidigte er Nabil und seinen Lebensstil gegen Hasibs und Mohammeds harte Forderungen.

Iman schließlich heiratete einen Diplomaten, der im Präsidentenpalast arbeitete. Durch ihn erfuhr Nabil eine Menge über die Abläufe innerhalb der Regierungskreise, über die Intrigen und internen Machtkämpfe. Er arrangierte es, daß die gesamte Familie eines Tages zum Kaffee in den Palast eingeladen wurde. Es war sehr eindrucksvoll, und durch seinen jüngsten Schwiegersohn knüpfte Hasib Kontakte mit noch viel einflußreicheren Regierungsbeamten, als er bisher gekannt hatte.

Jamilehs Mann versuchte Nabil für religiöse Aktivitäten zu gewinnen. Freitags predigte er normalerweise in verschiedenen Moscheen, die keinen ausgebildeten Prediger hatten. Einmal lud er Nabil ein, ihn in eine Dorfmoschee ein wenig außerhalb von Damaskus zu begleiten und die Gebetsleitung und die Predigt zu übernehmen. Die Versammlung bestand aus etwa zwanzig Bauern. Nabil stand vor ihnen und leitete sie im Gebet, bevor er auf die Kanzel stieg und die Predigt vorlas, die sein Schwager für ihn geschrieben hatte. Es war das erste und das letzte Mal. Er bat darum, so etwas nie wieder tun zu müssen – es war ihm zu peinlich, er war zu schüchtern.

Ein anderes Mal nahm derselbe Schwager Nabil mit zu einem Treffen von Sufis (ein mystischer Zweig des Islam), das in dem Haus von Sheikh Hasan Habbannaki, einem sehr berühmten islamischen Führer, stattfand. Nabil hatte noch nie etwas Ähnliches gesehen. Sie beteten und tanzten, bis sie in einen tranceähnlichen Zustand gerieten. Einige verloren die Kontrolle über sich selbst. Inmitten der Menge schrie ein Mann hysterisch weinend Verse hinaus. Plötzlich fiel er mit zuckenden Gliedern zu Boden – die um ihm herumstanden, sagten, Gottes Geist sei nun in ihn gefahren und er befinde sich in einem besonderen Zustand der Gnade.

Die meisten dieser religiösen Führer hatten wegen ihrer Aktivitäten Schwierigkeiten mit den Behörden und bekamen daher nicht die Erlaubnis, Syrien zu verlassen. Wenn sie die Pilgerfahrt vollziehen wollten, kamen sie alle zu Hasib, der ihnen und ihren Frauen aufgrund seiner hohen Stellung im Innenministerium Reisepaß und Ausreiseerlaubnis besorgen konnte. Das war kein einfaches Unterfangen – er mußte dazu einige Vorschriften beugen, doch hielt er es für seine Pflicht, den geistlichen Führern die Durchführung solch einer wichtigen religiösen Zeremonie zu ermöglichen.

Zu dieser Zeit gab es auch eine Menge politischer Aktivitäten an der Universität. Viele Gruppen kämpften um größeren Einfluß und versuchten, möglichst viele Studenten für ihre Ziele zu gewinnen. Die massivsten Zusammenstöße gab es zwischen der Moslembruderschaft und der Ba'ath Partei. Beide Gruppen luden Nabil und seine Freunde ein, ihnen beizutreten, aber Nabil hatte kein Interesse. Er war von der Gewalttätigkeit abgestoßen, mit Hilfe derer die Bruderschaft ihre politischen Ziele durchzusetzen versuchte. Viele Prominente fielen Attentätern zum Opfer, darunter auch ein sehr beliebter Dozent, der in seinem Büro von einem Studenten erschossen wurde, als er sich auf eine Vorlesung vorbereitete. Der einzige Grund für dieses Attentat war, daß sich der Dozent den Alawiten zurechnete. Die meisten Studenten waren aufgebracht, aber es gab nichts, was sie hätten unternehmen können.

Einige Studenten traten in die Ba'ath Partei ein und wurden später dafür belohnt, indem man sie sehr bald in die hohen Regierungspositionen beförderte.

Nabil hatte viel mit seinem Studium zu tun. Er mußte an Seminaren teilnehmen, Hausarbeiten einreichen, Prüfungen schreiben. Zwei Stunden in der Woche gehörten der militärischen Ausbildung. Dies war Teil eines neuen Systems, das die Regierung erst vor kurzem eingeführt hatte. Die Teilnahme war Pflicht, was bedeutete, daß später vom allgemeinen Militärdienst sechs Monate abgezogen würden. Nabil und seine Freunde, immer noch unreife und verzogene Jugendliche, nahmen das Ganze nicht sehr ernst, so daß sie laufend Ärger mit ihren Vorgesetzten hatten. In den Sommerferien mußten sie an einer zwanzigtägigen Grundausbildung in einem Militärlager teilnehmen. Sie lebten in Zelten, trugen Uniformen und wurden gedrillt. Nabil rebellierte: Er weigerte sich, die Armeerationen zu essen, stand nicht pünktlich auf und befolgte die Befehle nicht. Der Offizier war außer sich und verurteilte ihn zu einigen Tagen Einzelhaft in einem

Zelt außerhalb vom Lager. Außerdem sollte ihm der Kopf kahlgeschoren werden.

Gerade im rechten Augenblick kamen Hasib und Fairouz, um das Lager zu besuchen. Fairouz machte sich stets große Sorgen darum, wie ihr kleiner Junge in dem rauhen Klima der Armee wohl zurechtkommen möge. Sie hatte große Mengen seines Lieblingsessens zubereitet und Hasib überredet, sie in das Lager zu fahren. Nabil wurde in das Besucherzelt geführt und berichtete ihnen, was passiert war. Fairouz war schockiert. Hasib meinte, er sollte selbst auslöffeln, was er sich da eingebrockt hatte – das würde ihm eine Lehre sein.

»O nein,« weinte Fairouz, »wir können doch nicht zulassen, daß sie ihm so etwas antun. Du mußt mit dem Offizier sprechen.«

Hasib gab schließlich nach und sprach mit Nabils Vorgesetztem. Man einigte sich darauf, daß Nabil unter der Bedingung freikäme, daß er bis zum Ende des Trainings alle Befehle befolgte und sich vorbildlich verhielte. Nabil, der schon seine Flucht aus dieser unangenehmen Situation geplant hatte (die Strafe hierfür wäre gewesen, daß er nicht hätte ins nächste Studienjahr vorrücken dürfen), stimmte der Vereinbarung bereitwillig zu und gesellte sich wieder zu den anderen Soldaten. Welch eine Erleichterung!

In den langen Sommerferien arbeiteten sowohl Anwar als auch Nabil für ihren Onkel, der deutsche Büromaschinen vertrieb. Solch eine praktische Arbeit war eine gute Erfahrung, sie verdienten ein wenig Geld und, was das Wichtigste dabei war, sie konnten nicht auf den Straßen herumhängen und in irgendwelchen Ärger geraten. Hasib hatte darauf bestanden, daß sie diese Jobs annahmen anstatt anderweitig ihre Zeit zu vertun.

Nabil genoß das Studentenleben in einer exklusiven Clique von etwa zwanzig ausgesuchten Freunden, Jungen und Mädchen aus guten sunnitischen Familien. Sie alle kamen mit dem Studium gut zurecht und hatten daher bei den Dozenten einen guten Ruf. Ihr erklärtes Ziel war es, das Leben an der Universität zu genießen. Religion und Politik waren für sie tabu, sie bevorzugten Kinos, Discos und Parties. Gemeinsam fuhren sie an die Strände von Lattakia am Mittelmeer und machten Picknicks in der Al Ghuta Oase bei Damaskus.

Zwei der Mädchen, Rena und Iman, hatten ein Auge auf Nabil geworfen. Beide hätten es gerne gesehen, wenn Nabil bei ihren Eltern um ihre Hand angehalten hätte. Doch Nabil wäre nicht einmal auf den Gedanken gekommen. Er genoß das sorgenfreie Junggesellenleben und hielt sich außerdem für viel zu jung, um über eine Heirat nachzudenken. In der syrischen Gesellschaft standen Mädchen unter dem enormen Druck, so früh wie möglich zu heiraten. Sie taten ihm leid, er war gern mit ihnen zusammen, aber verliebt war er in keine von ihnen, und noch wollte er sich nicht binden.

Auch Hasib und Fairouz waren sehr daran interessiert, so bald wie möglich für ihre Söhne die richtigen Frauen zu finden. Nach wie vor war es Brauch, daß die Eltern die Ehepartner für ihre Kinder aussuchten. Über ein Jahr lang prüfte Fairouz verschiedene Familien auf ihren Hintergrund auf der Suche nach der geeigneten Frau für Anwar. Sie wollte die perfekte Verbindung – ein gutaussehendes, gebildetes Mädchen mit einem religiösen und wohlhabenden sunnitischen Hintergrund. Sie sollte einen guten Ruf haben und eine Familie, mit der sich auch als Verwandtschaft auskommen ließ. Stundenlang sprachen die Frauen der Familie über verschiedene Mädchen, gaben detaillierte Beschreibungen und verglichen ihre Tugenden. Ausführlich wurde in der Familie über dieses Thema diskutiert – jeder einzelne war mit einbezogen.

Schließlich wurde Fairouz fündig. Nun war es Brauch im Islam, ein bestimmtes Gebet um Gottes Weisung zweimal zu wiederholen, bevor man am Abend schlafen ging. Jegliche Träume, die man in dieser Nacht hatte, wurden als Gottes Antwort auf die Bitte betrachtet. Waren es angenehme Träume, lautete die Antwort »ja«. Alpträume dagegen drückten ein deutliches »nein« aus.

Großmutter, Vater, Mutter, Onkel und Tanten vollzogen alle an demselben Abend dieses Ritual. Am Morgen darauf berichteten sie nur von angenehmen Träumen – die eine schwamm in wunderbar klarem Wasser, der andere wanderte hoch oben in den Bergen und hatte einen herrlichen Ausblick, das Gras war grün, die Sonne schien – alles konnte als eine Bestätigung Gottes für ihre Pläne gedeutet werden. Und so machte man sich daran, die Hochzeitsvorbereitungen zu treffen. Kurz nachdem Anwar sein Studium abgeschlossen hatte, heirateten sie. Im ersten Jahr ihrer Ehe gab es viel Streit zwischen ihnen, schließlich hatten sie sich vor ihrer Hochzeit nie kennengelernt. Oftmals mußte die Familie zwischen ihnen vermitteln und schlichten, bevor sie sich an das gemeinsame Leben gewöhnt hatten.

Nun, da für Anwar gesorgt war, wandte man sich Nabil zu: »Such dir ein Mädchen aus. Mach doch deinen Eltern die Freude, dich verheiratet zu sehen. Sag uns, wenn dir ein Mädchen besonders gut gefällt.«

Ihre Wahl für ihn fiel auf eine Kusine, die Tochter von Hasibs jüngstem Bruder und fünf Jahre jünger als Nabil. Sie war sehr hübsch, hatte Pharmazie studiert, und ihr Vater hatte eigens für sie eine Apotheke eingerichtet. Außerdem hatte er ihr ein Haus und ein Auto gekauft, was sie zu einer hervorragenden Partie machte. Fast jeden Tag besuchten sie und ihre Mutter Fairouz. Auch Hasib hätte nichts gegen diese Verbindung einzuwenden gehabt, im

Gegenteil: eine Kusine zu heiraten, entsprach der moslemischen Kultur. Es stärkte die familiären Bindungen und hielt das Geld in der Familie. Fairouz redete täglich auf Nabil ein:

»Nabil, sie ist eindeutig das richtige Mädchen für dich. Du brauchst nur ja zu sagen. Du mußt sie ja nicht gleich heiraten, aber so können wir wenigstens schon die notwendigen Vereinbarungen treffen.«

Nabil ließ sich nicht überreden. Er mochte das Mädchen, aber für ihn war sie mehr wie eine Schwester, mit der er als Kind gespielt hatte. Als seine Ehefrau konnte er sie sich nicht vorstellen – und er wollte keine feste Bindung eingehen. So lange wie nur irgend möglich wollte er frei bleiben. Es gab viel Streit und Diskussionen, aber Nabil gab nicht nach.

Anwar begann während seines Studiums, sich immer stärker in der Moslembruderschaft zu engagieren, was in der Familie zu dieser Zeit niemand wußte. Er erbrachte herausragende Leistungen, und als er graduierte, bot man ihm eine Stelle als Dozent an der Universität an, die er dann auch annahm. Er schrieb sogar ein Lehrbuch für den Bereich Hoch- und Tiefbau, das auch heute noch benutzt wird. Nabil half ihm beim Setzen des Manuskripts, und Hasib, der stolze Vater, trug alle Kosten für die Veröffentlichung. Die hohen Verkaufszahlen bescherten Anwar einen äußerst positiven Start seiner Geschäftskarriere.

Sein letztes großes Projekt war der Entwurf des Fundaments des größten Bürogebäudes in Damaskus. Nabil belegte besondere Kurse in technischem Zeichnen, damit er seinem Bruder beim Erstellen der Blaupausen helfen konnte. Es wurde ein großartiger Erfolg.

Im Jahr 1980 flammte der Konflikt zwischen der Regierung und der Moslembruderschaft erneut auf. Viele Mitglieder der Bruderschaft wurden verhaftet, darunter auch

Anwars bester Freund (von dem nie wieder jemand etwas hörte). Hasib machte sich große Sorgen, als er herausfand, daß sein ältester Sohn zur Bruderschaft gehörte. Er wußte, daß Anwar in ernster Gefahr war. Der Familienrat wurde zusammengerufen, und man entschied, ihn so schnell wie möglich aus dem Land zu bringen. Fairouz rezitierte innerhalb von zwei Tagen den gesamten Koran, damit Gott gnädig sein und ihn erretten würde.

Mit Hilfe seiner hohen Stellung und seiner guten Beziehungen erreichte Hasib, daß der Innenminister Anwar eine Sondererlaubnis zum Verlassen des Landes erteilte. Zuerst mußte Hasib 5.000 Dollar an die Militärbehörden zahlen, damit Anwar vom Militärdienst befreit würde, dann besorgte er ihm einen Paß und setzte ihn in ein Flugzeug in die Vereinigten Arabischen Emirate. Er hatte es so eilig, daß keine Zeit mehr blieb, ein Einreisevisum für ihn zu beschaffen, aber er benachrichtigte einen Freund, der Anwar in Dubai vom Flughafen abholte und ihm half, ein sieben Tage gültiges Transitvisum zu bekommen, das später verlängert wurde. Anwar ließ sich schließlich in den V.A.E. nieder und baute dort sein eigenes Ingenieurbüro auf. Er kam für sich allein gut zurecht, und seine Frau folgte ihm einige Monate später.

Hasib war erleichtert, Anwar sicher aus Syrien herausgebracht zu haben. Aufgrund seiner Stellung im Innenministerium wußte er, daß sich der Konflikt zwischen Regierung und Moslembruderschaft nur noch verschärfen würde. Alle Mittel waren erlaubt in diesem Kampf um die Macht im syrischen Staat, bei dem keine der Parteien jemals zu einem Kompromiß bereit sein würde. Seine Befürchtungen erwiesen sich als berechtigt, als die Bruderschaft 1982 den Aufstand von Hama organisierte. Er wurde schließlich durch die Sicherheitskräfte brutal niedergeschlagen, die mit schwerer Artillerie und Panzern große Teile der alten Stadt zerstörten. Man schätzt, daß bei diesem Zusammenstoß mehr als 20.000 Menschen ums Leben kamen. Tausende von Mitgliedern und Sympathisanten der Bruderschaft in ganz Syrien verschwanden einfach und wurden nie wieder gesehen.

Ursprünglich hätte Hasib es gern gesehen, wenn seine beiden Söhne in der syrischen Armee gedient hätten, doch Fairouz war dagegen. Sie wollte nicht, daß auch nur einer ihrer Söhne in Gefahr geriete, zum Beispiel bei den Kämpfen im Libanon, wo die syrische Armee gelegentlich sowohl gegen diverse moslemische Gruppen als auch gegen die Christen vorging, um die Vorherrschaft Syriens in dem geteilten Land aufrecht zu erhalten. Auch fürchtete sie, daß sich aus dem libanesischen Debakel ein Krieg gegen den Erzfeind Israel entwickeln könnte. Keiner von ihnen glaubte, daß die syrische Armee eine massive Konfrontation mit Israel überstehen würde.

Da die Regierung ebenso wie die Armee von Alawiten kontrolliert wurde, fühlten sich die sunnitischen Familien moralisch nicht dazu verpflichtet, ihre Söhne zum Militär zu schicken, wenn es sich vermeiden ließ. Sie empfanden die Alawiten als fast ebensolche Feinde des wahren Islam wie die Israelis – sie versuchten nur, unter dem Deckmantel eines heiligen Krieges gegen Israel, ihre eigene Machtposition auszubauen, warum sollte man also für sie kämpfen? Eine Regel des Islam besagt, daß man zuerst den Feind bekämpfen muß, der am nächsten ist, bevor man die weiter entfernten angreift. In den frühen achtziger Jahren lehrten sogar einige geistliche Führer der Sunniten in Fatwas, das Töten eines Alawiten sei ebenso ehrenvoll wie das Töten eines Israelis.

Soweit es sie betraf, konnten ruhig die anderen Gruppen das Kämpfen übernehmen – die sunnitische Elite würde sich um das Herrschen kümmern. Ohnehin konnten es sich nur die Reichen leisten, die Einberufung zu umgehen, indem sie für jeden Sohn die 5.000 Dollar Ablösesumme zahlten und sie für fünf Jahre ins Ausland schickten. Nach Ablauf dieser Frist konnten sie dann nach Syrien zurückkehren, ohne Gefahr zu laufen, eingezogen zu werden.

Nachdem sie nun unter dem Druck der Ereignisse diese Möglichkeit für Anwar in Anspruch genommen hatten, entschlossen sich Hasib und Fairouz, dasselbe auch für Nabil zu tun. Als Nabil 1982 sein Universitätsexamen hinter sich gebracht hatte, bezahlten sie die 5.000 Dollar und setzten ihn in ein Flugzeug in die V.A.E. – und diesmal mit allen erforderlichen Visa. Anwar erwartete ihn am Flughafen. Er nahm ihn unter seine Fittiche und gab ihm einen Job in seiner Firma.

7

Am Persischen Golf

Dubai ist die Hauptstadt des wohlhabenden Emirats Dubai, eines der sieben, die sich zu den Vereinigten Arabischen Emiraten am Persischen Golf zusammengeschlossen haben. In den achtziger Jahren erlebte Dubai durch die Einkünfte aus dem Ölgeschäft einen starken wirtschaftlichen Aufschwung. Aus der ganzen arabischen Welt kamen Menschen auf der Suche nach gutbezahlter Arbeit hierher. Zu dieser Zeit lebten etwa 275.000 Menschen in der Hauptstadt, die erst kurz vorher von Grund auf modernisiert worden war. Dubai war die größte Stadt der Föderation und ihr wirtschaftliches Zentrum, und es gab Straßenverbindungen zu den anderen beiden wichtigen Städten der Region, Abu Dhabi und Ras al Khaima.

Als Nabil in Dubai eintraf, hatte Anwar sich mit seinem erfolgreichen Unternehmen bereits einen guten Namen gemacht. Während der ersten sechs Monate arbeitete Nabil in Anwars Firma in Dubai. Er half seinem Bruder bei der Buchführung und wurde ansonsten überall dort eingesetzt, wo gerade eine Aufgabe anfiel. Das war für ihn weder ein besonders spannender Job noch einer, der ihn wirklich ausgefüllt hätte.

Nachdem er einige Wochen bei Anwar gewohnt hatte, mietete Nabil sich eine eigene Wohnung, um wieder ein wenig mehr Privatleben haben zu können. Er fand es schwierig, für seinen Bruder zu arbeiten, da sich die familiären Beziehungen stets mit dem Geschäftlichen vermischten, und so machte er sich auf die Suche nach einem neuen Job. Ein Freund von Anwar, dem eine Handelsgesellschaft gehörte, suchte einen Buchhalter, und Nabil nahm diese Stellung gerne an und blieb sieben Monate dort.

Als er merkte, daß es mit der Firma bergab ging, beschloß er, sich wieder etwas anderes zu suchen. Wieder half Anwar und stellte ihn einem anderen Freund vor: Ahmad, ein Syrer, der einen großen und erfolgreichen Verlag mit Filialen in allen arabischen Staaten und vielen anderen Ländern aufgebaut hatte. Er brachte Neuausgaben des Koran und der Hadith heraus sowie religiöse Kommentare und Nachschlagewerke, die in der gesamten islamischen Welt sehr gefragt waren. Nabil wurde als Geschäftsführer der Filiale in Dubai angestellt, wo er recht erfolgreich war. Er entwickelte die grundlegenden Buchführungsverfahren, baute den Kundenkreis weiter aus und vergrößerte das Verkaufsvolumen.

Nach und nach wurde das Leben in Dubai zur Routine. Das Gehalt war sehr gut, die Wohnung gemütlich; und um seine Freizeit noch besser genießen zu können, wurde Nabil Mitglied im exklusiven Hyatt-Regency Hotel Club, wo es ein Schwimmbad und andere Sportanlagen gab. Tag für Tag ging er in den Club, um zu schwimmen, in die Sauna zu gehen, Tennis oder auch Schach zu spielen, was in diesen Tagen zu seinem bevorzugten Hobby wurde.

Ahmad, dem die Firma gehörte, mochte Nabil und lud ihn des öfteren zum Essen in einem erstklassigen Restaurant ein. Nabils Leben war durchweg positiv, und seine Zukunft schien noch vielversprechender. Hin und wieder wurde er auch auf Geschäftsreise ins Ausland geschickt, nach Kuwait, in den Libanon, nach Saudi-Arabien, sogar nach Spanien, Deutschland, Frankreich und Großbritannien. All das gab ihm das Gefühl, eine wichtige Persönlichkeit zu sein.

Einmal im Jahr mußte Nabil in der syrischen Botschaft seinen Paß abstempeln lassen, damit er nach Ablauf der fünf Jahre wieder nach Syrien zurückkehren konnte. Hasib und Fairouz besuchten ihre Söhne zweimal im Jahr, und sie waren stolz, daß sie so gut alleine zurechtkamen. Es war ihnen bewußt, daß Anwar niemals würde nach Syrien zurückkehren können, doch sie freuten sich auf Nabils Heimkehr nach Ablauf der fünf Jahre.

Nabil fand einige Freunde, vor allem Syrer, die in der reichen Golfregion lebten, um Geld zu verdienen. Die Syrer gehörten zu der großen Zahl ausländischer Araber und anderer Ausländer, die in den Vereinigten Arabischen Emiraten lebten. Sie erhielten niemals die Staatsbürgerschaft der V.A.E., da die Einheimischen fürchteten, sie könnten die Staatsgewalt übernehmen. Trotzdem waren die Syrer die am meisten respektierte Gruppe unter den Ausländern. Man schätzte sie ebenso wie die Libanesen wegen ihrer Bildung und brachte ihnen großes Vertrauen entgegen. Sie wurden als ehrliche Geschäftsleute geachtet. Die Jordanier dagegen waren den örtlichen Beduinen zu ähnlich, um wirklich akzeptiert zu werden. Sie nahmen nicht gerne Befehle von anderen entgegen, sondern bevorzugten es, selbst das Sagen zu haben und andere herumzukommandieren. Die Ägypter hielt man für zu schwach und unterwürfig, ein Erbe ihrer Geschichte unter den Pharaonen. Den Palästinensern brachte man Haß entgegen, obwohl jeder bereit war, für ihre Sache zu kämpfen. Sie hatten den Ruf, nur Schwierigkeiten zu machen und politisch gefährlich zu sein.

Die Menschen in den V.A.E. stammten überwiegend von den Beduinen ab und lebten in der ersten Generation in Städten. Für ihren Geschmack waren Nabil und seinesgleichen zu westlich geprägt, nicht arabisch oder islamisch genug. Sie hatten strenge Regeln für andere Araber, die in ihrem Land arbeiten wollten. Anwar mußte 51 Prozent der Anteile an seiner Firma an einen Bürger der V.A.E. abtreten, dessen einzige Gegenleistung es war, seinen Namen als Mitbesitzer zur Verfügung zu stellen. Er arbeitete nicht, nahm kein Risiko auf sich, aber verdiente 50.000 Dollar im Jahr für seine Dienste. Alles, was er jemals tat, war, seinen Fingerabdruck unter den Vertrag zu setzen, der einmal im Jahr erneuert wurde (er konnte weder lesen noch schreiben).

Am unteren Rand der Gesellschaft in den V.A.E. fanden sich die Einwanderer aus Pakistan, Indien und Bangladesch. Sie verrichteten all die schmutzigen, untergeordneten Arbeiten, die niemand sonst tun wollte. Obwohl sie Moslems waren, behandelte man sie von oben herab wie Sklaven. Sie wuschen die Autos, brachten die Wäsche in die Wäscherei, putzten die Wohnungen und Büros und fegten die Straßen. Nabil fand sie sehr nützlich – er gab einem von ihnen etwas Geld, um den Wagen für ihn zu starten, damit in der heißen Sonne die Klimaanlage schon anfing zu arbeiten und er nach ein paar Minuten direkt von seiner Wohnung oder dem Büro in ein kühles Auto steigen konnte. Bei der Arbeit oder auf Geschäftssitzungen ließ er sich von ihnen Tee oder Kaffee an den Schreibtisch bringen. Für Geld taten sie alles.

Zwar bezahlte man ihnen ihre Dienste, aber es waren in der Regel schäbige Beträge, und sie wurden wie Dreck behandelt. Anwar dachte sich nichts dabei, einen von ihnen vor allen anderen ins Gesicht zu schlagen, wenn er einen Auftrag nicht zu seiner Zufriedenheit ausgeführt hatte.

Wenn Nabil für seine neue Firma Buchausstellungen auszurichten hatte, stellte er einige von ihnen an, die ganze praktische Arbeit zu tun, Regale und Displays aufzustellen und alles sauberzumachen, während er mit den anderen Angestellten herumsaß, Kaffee trank und sich unterhielt, bis alles fertig war. Niemand dankte ihnen jemals für ihre harte Arbeit.

Nabil bemerkte, daß sie gute, ehrliche und demütige Menschen waren. Sie beschwerten sich nie, arbeiteten hart und waren loyal. Sie argumentierten oder widersprachen niemals, wie es die Beduinen oder andere Bevölkerungsgruppen taten. Sie nannten diejenigen, von denen sie bezahlt wurden – auch Nabil –, »Arbab«, was soviel bedeutet wie »Herren«: »Ja, Arbab, sofort, Arbab, wie Sie wünschen, Arbab«. Das bewirkte, daß sich ihre Arbeitgeber sehr wichtig fühlten, aber die Wahrheit war, daß diese Menschen vom indischen Subkontinent es vorzogen, für die Syrer und andere Ausländer zu arbeiten als für die einheimischen Araber, die sie noch viel schlechter behandelten.

Nabil hatte zwei engere Freunde. Amir war Agronom und Freidenker. Mu'in kannte er von der Studiengruppe an der Moschee in Damaskus. Beide hatten Syrien verlassen, um, wie Nabil selbst, den Militärdienst zu umgehen. Jeder von ihnen versuchte, Nabil für seinen eigenen Lebensstil zu gewinnen. Während Amir ihm die Annehmlichkeiten des Lebens in Dubai nahebringen wollte, lud Mu'in ihn immer wieder ein, ihn zu den Gebetszeiten in die Moschee zu begleiten. Er hatte in einer örtlichen Moschee eine Studiengruppe angefangen, und aus Gewohnheit ging Nabil manchmal mit ihm – schließlich war er das Studium des Islam gewöhnt, es gehörte zu seinem Hintergrund. In Dubai und der gesamten Golfregion hat der Islam einen hohen gesellschaftlichen Stellenwert; und es wird von jedem erwartet, daß er regelmäßig an den Gebeten teilnimmt. Ein gehorsamer und frommer Moslem zu sein, schafft einen guten Namen und ist außerdem einträglich fürs Geschäft.

Nabil nutzte einen Großteil seiner freien Zeit zum Bücherlesen. Da er im Verlagswesen arbeite, hatte er leichten Zugang zu Büchern, so daß er sich in seiner Wohnung nach und nach eine ansehnliche Bibliothek einrichten konnte. Er las viel über den Islam, aber auch allgemeine Nachschlagewerke und wissenschaftliche Literatur. Er dachte viel nach und suchte nach Antworten auf die Frage nach dem Sinn des Lebens, die ihn schon immer beschäftigt hatte.

Nabil spürte, wie sich in der Zeit, die er allein hier in Dubai war, seine Persönlichkeit entwickelte und er reifer wurde. Zum ersten Mal in seinem Leben war er wirklich unabhängig. Es gab keine Eltern, denen er hätte Rechenschaft ablegen müssen, niemanden, der ihm seine Freunde vorschrieb oder was er in seiner Freizeit zu tun und zu lassen hatte. Nabil genoß diese neue Freiheit sehr.

Er setzte alle Kräfte für seine Karriere ein. In der Firma verbesserte er die geschäftlichen Abläufe und erhöhte das Verkaufsvolumen. Er warb neue Kunden und erreichte eine höhere Auftragsquote. Es tat ihm gut, die Filiale in Dubai, für die er verantwortlich war, aufblühen zu sehen; und sein Chef war mehr als zufrieden mit seinen Leistungen.

Trotzdem spürte er tief in seinem Herzen ein gewisses Unbehagen, ein störendes Vakuum. Noch immer hatte er viele Fragen über Religion und über das Leben, auf die er keine Antworten finden konnte. In seinem Umkreis gab es niemanden, mit dem er sich hätte über solche Themen unterhalten können. Die Menschen um ihn herum stellten solche Fragen einfach nicht, sie schienen von keinerlei Zweifeln oder Skrupeln geplagt zu werden. Die alten Formeln des traditionellen Islam schienen ihnen vollkommen zu genügen, und in ihrer religiösen Selbstsicherheit konzentrierten sie sich darauf, ihre eigene materielle Situation inmitten der fieberhaften wirtschaftlichen Aktivitäten der Golfregion zu verbessern. Die vielfältigen Widersprüche, denen Nabil sich Tag für Tag ausgesetzt sah, schienen ihnen gleichgültig zu sein.

8

Die Entdeckung

In bezug auf seine materielle Situation hatte Nabil alles, was er brauchte, doch innerlich fühlte er sich oft leer. Irgendetwas fehlte in seinem Leben. Oftmals dachte er über sich selbst nach und versuchte die Ursache für diese Leere zu finden. Was stimmte nicht mit ihm? Wo lag das Problem? Immerhin glaubte er fest an Gott, war einigermaßen religiös, ging in die Moschee, studierte den Islam. Aber Gott schien irgendwie so weit entfernt, so unpersönlich zu sein, eine unbekannte Kraft irgendwo dort draußen, jenseits all dessen, was er fassen oder verstehen konnte. Was bedeutete Gott ihm persönlich? War es möglich, das herauszufinden?

Er erinnerte sich daran, wie Hasib mit Fairouz über sein religiöses Leben gesprochen hatte: »Weißt du, Fairouz«, hatte er gesagt, »ich habe alles getan, was ein guter Moslem tun soll. Ich bete fünfmal am Tag, war siebenmal auf dem Hadsch, ich gebe den vorgeschriebenen Zakat für die Armen, ich tue alles, was Gott den Menschen geboten hat – ich hoffe wirklich, daß Gott mich annehmen wird.« Er hatte die vage Hoffnung, daß seine guten Werke ihm einen Platz im Paradies sichern würden – aber er hatte keine Gewißheit. Das war eine der Fragen, über die sich Nabil oftmals Gedanken machte: Wenn Hasib wirklich alles getan hatte, was von ihm verlangt wurde, warum konnte er sich dann nicht sicher sein, ins Paradies zu kommen? Warum fürchtete er immer noch die Möglichkeit, einmal in der Hölle zu enden?

Der Islam lehrte, daß Gott allein weiß, was in der Ewigkeit mit einem Menschen geschieht. Allein in seiner Hand liegt die endgültige Entscheidung, und daher gibt es für den Menschen bezüglich seines Glaubens keinerlei Gewißheit. So schien es, als handle Gott willkürlich und könne sich bei jedem Gläubigen im letzten Augenblick dafür entscheiden, ihn in die Hölle zu werfen, wie sehr er sich auch angestrengt haben möge, Gott zu gefallen. Sein Wille stand über allem, und seine Anordnungen durften nicht in Frage gestellt werden, wenn sie auch noch so launisch zu sein schienen. In der Tradition des Islam gab es viele Geschichten, die dieses Prinzip verdeutlichten, Geschichten über böse Menschen, denen Gott Einlaß ins Paradies gewährte, und über gute Menschen, die er in die Hölle schickte. Das schien mit Fairneß oder Logik absolut nichts zu tun zu haben. Was für ein Gott war das?

Nabil stellte fest, daß das Bild, das Hasib und andere fromme Moslems von Gott hatten, das eines strengen Lehrmeisters war, der nur darauf wartete, daß sie einen Fehler machten, um sie dann im Jüngsten Gericht dafür zu bestrafen. Sie lebten stets in Furcht vor der Hölle. Hasib sagte immer zu Fairouz: »Wenn ich sterbe, dann vergiß bitte nicht, drei- oder viermal im Jahr den Koran für mich zu rezitieren, und besuche regelmäßig mit meinen Freunden den Friedhof, um für mich zu beten.« Diese Rituale sollten dazu dienen, der Seele des Verstorbenen im Jenseits zu einem besseren Platz zu verhelfen; aber konnten sie sich wirklich darauf verlassen, daß ihre Familien und Freunde nach ihrem Tod Jahr für Jahr treu die Rituale einhielten? Die Chancen standen nicht sehr gut, und das waren deprimierende Aussichten.

Nabil leerte jeden Tag das firmeneigene Postfach in der Hauptpost von Dubai. Eines Tages fand er dort ein in Arabisch verfaßtes Heftchen, das von irgendwo im Libanon aus an die Firmenadresse geschickt worden war. Darin ging es um den Propheten Issa (Jesus), der, so hieß es, eine

Manifestation Gottes und der einzige Weg zum Glücklichsein sei. Nabil las es, dachte nur »Dummes Zeug!« und warf es fort. Von diesem Tag an kamen alle paar Monate solche Hefte oder Broschüren – manche waren in Deutschland, manche im Libanon und manche auf Zypern abgestempelt. Natürlich waren diese Postsendungen illegal, und Nabil hätte es den Behörden melden können – aber irgendetwas hielt ihn zurück. Er las jedes einzelne Heft – darüber, daß Issa, der Messias, für die Sünden der ganzen Menschheit gestorben war, daß er jeden Menschen liebte und bedingungslose Errettung anbot. Was er las, überzeugte Nabil nicht. Es stand in direktem Gegensatz zu dem, was er als Moslem glaubte. Sicher, Issa war ein großer Prophet, aber er war ein Mensch wie alle anderen Propheten auch. Gott kann keinen Sohn haben, und es ist eine schwere Sünde, einen Menschen mit ihm gleichsetzen zu wollen. Issa ist überhaupt nicht gestorben – Gott ließ jemand anderen an seiner Stelle sterben und nahm ihn zu sich in den Himmel auf. Nabil kannte all diese traditionell islamischen Argumente gegen das Christentum. Er warf die Zettel angeekelt fort.

In einem der Hefte wurden weitere Informationen und eine kostenlose Bibel angeboten, wenn man an eine Adresse auf Zypern schrieb. Nabil füllte den beigelegten Gutschein aus und schickte ihn ab. Er wollte mehr wissen. Trotz seiner Vorurteile machten ihn diese neuen Ideen neugierig.

Einige Zeit später erhielt er die Bibel zusammen mit »Der Schlüssel«, einer christlichen Zeitschrift, und weiteren Informationsheftchen. Er bewahrte sie in seiner Wohnung auf, und wenn er abends heimkam, setzte er sich hin, um sie zu lesen. Die Bibel war in modernem, leicht verständlichem Arabisch geschrieben – gegen den

Koran schien sie wenig aufregend zu sein. Kein Rhythmus, keine Musik, keine Sprachmelodie. Sie las sich wie ein normales, weltliches Buch. Trotzdem drängte ihn etwas weiterzulesen, wenn es auch vieles gab, das er nicht verstand.

Etwa zu dieser Zeit lernte Nabil einen amerikanischen Geschäftsmann in Dubai kennen. Henry Amherst vertrat verschiedene westliche Verleger und verkaufte wissenschaftliche Bücher an Schulen, Universitäten und Regierungsbüros. Er nutzte Nabils Buchausstellungen als Absatzmarkt für seine Bücher und war ein sehr guter Kunde. Nabil konnte ihm auch einige der eigenen Verlagsveröffentlichungen verkaufen und lernte ihn so nach und nach immer besser kennen. Er mochte diesen freundlichen, offenen Amerikaner, der in allen Geschäften kompromißlos ehrlich war. Schließlich wurden sie gute Freunde. Oft gingen sie zusammen essen oder an den Strand zum Schwimmen. Anschließend tranken sie meist Kaffee und unterhielten sich. Sie hatten viel Spaß miteinander, und jeder von ihnen genoß diese gemeinsamen Zeiten.

Ahmad, Nabils Chef, war nicht sehr glücklich über diesen neuen Freund. Er mochte die Leute aus dem Westen nicht, und vor allem gegen Amerikaner hatte er etwas. So drängte er Nabil, den Kontakt zu Henry auf das rein Geschäftliche zu beschränken. Das führte zu einiger Spannung, da Nabil sich gegen diese Einmischung in seine Privatangelegenheiten verwehrte.

Henry war verheiratet, doch lebten seine Frau und seine Kinder in den USA. In der Regel verbrachte er die kühleren Monate des Jahres in Dubai, während er im Sommer für vier Monate in die Staaten zu seiner Familie flog.

Nabil mochte Henry sehr. Er bewunderte seine Ehrlichkeit, die immerwährende Hilfsbereitschaft und seine höfliche Aufmerksamkeit. Bei seinen anderen Freunden hatte Nabil diese Charakterzüge niemals entdecken können. Was war sein Geheimnis?

So gut er konnte, unterstützte Henry Nabil bei seiner Arbeit. Da er schon seit einigen Jahren in Dubai arbeitete, kannte er viele wichtige Geschäftsleute und Regierungsbeamte in Schlüsselpositionen. Einigen von ihnen stellte er Nabil vor und nannte ihm auch andere Personen, die an den islamischen Büchern interessiert sein könnten. Zu dieser Zeit hatte die Firma gerade eine sehr wertvolle Ausgabe des Koran auf den Markt gebracht – in Leder gebunden und mit Goldschnitt – sie war wunderschön, und Henrys Kontakte halfen Nabil, eine große Stückzahl zu verkaufen.

Sie lernten sich immer besser kennen, und eines Tages erwähnte Nabil nebenbei, daß er mit der Post eine Bibel und anderes Material über das Christentum bekommen hätte. Henry ging nicht sofort darauf ein, doch einige Tage später fragte er Nabil, ob er wirklich die Injil lese. Nabil bejahte und fügte hinzu, daß es eine Menge Dinge darin gebe, die er nicht verstehe. Henry erzählte ihm eine Weile von seinem eigenen, persönlichen Glauben als Christ und daß er ernsthaft glaube, daß Issa Gott sei und für seine Sünden gestorben. Henry forcierte das Thema in keinster Weise, doch in der folgenden Zeit sprachen sie oft über Religion. Meist war es Nabil, der das Gespräch in diese Richtung lenkte.

Wie es für die Menschen im Nahen Osten typisch ist, widersprach Nabil dem, was Henry über Issa sagte, oft aufs Heftigste. Doch Henry blieb stets gelassen und stellte seine Glaubensüberzeugungen gut nachvollziehbar dar. Nabil war dadurch sehr beeindruckt, denn er hatte lautstarke Auseinandersetzungen erwartet. Es gefiel ihm, daß sie, ohne sich aufzuregen, miteinander über ihre jeweilige

Religion reden und trotzdem gute Freunde bleiben konnten.

Eines Tages lud Henry Nabil ein, ihn in seiner Wohnung zu besuchen, wo ein paar Freunde zum Beten zusammenkamen. Nabil dachte: »Gebet ist ja nichts Schlechtes«, und sagte zu. Als er dort ankam, saßen schon einige von Henrys Freunden im Wohnzimmer zusammen. Sie waren alle Amerikaner oder Europäer. Nachdem sie eine Weile Kaffee getrunken und sich unterhalten hatten, forderte Henry dazu auf, Anliegen zu nennen, für die man dann anschließend betete.

Nabil hörte aufmerksam zu. Als sie ihr Gebet mit »Himmlischer Vater« begannen, fügte er still für sich »Ya Rab« (»O Herr«) hinzu. Als sie im Namen Jesu schlossen, konnte er nichts Falsches daran finden. Schließlich war Issa (Jesus) ein großer Prophet, und sicherlich würde Gott Gebete erhören, die im Namen eines heiligen Mannes vor ihn gebracht wurden. Was Nabil jedoch wirklich nachdenklich machte, war die persönliche Atmosphäre. Es wurden keinerlei förmlichen Gebete aus einem Gebetbuch hergesagt. Sie redeten mit Gott wie mit einem persönlichen, fürsorglichen Vater, dem sie ihre ganz individuellen Wünsche und Bedürfnisse sagen konnten. Gott schien diesen Menschen so nahe zu sein – nicht weit fort und unerreichbar wie im Islam. Das war ein vollkommen neuer Gedanke, der Nabil noch lange beschäftigen würde.

Etwas in seinem Inneren sagte: »Nein, Nabil, das ist falsch, das ist nichts für dich, es entspricht nicht dem Islam.« Doch Nabil fühlte sich stark zu ihnen hingezogen, denn alles, was sie taten, schien vollkommen richtig zu sein.

Für Nabil folgte eine verwirrende Zeit. Er nahm noch an weiteren solcher »Zusammenkünfte« teil, las die Bibel und dachte intensiv nach über das, was er da las. Vieles blieb ihm unverständlich, aber Henry ermutigte ihn, weiterzulesen und um Weisung zu beten.

In der Injil des Matta (Matthäusevangelium) fielen ihm manche Worte, die Issa gesagt hatte, durch ihren hohen moralischen Anspruch besonders auf. Eines von ihnen war: »Ich aber sage euch: Liebt eure Feinde und bittet für die, die euch verfolgen, damit ihr Kinder seid eures Vaters im Himmel« (Matthäus 5, 44-45). Das war schockierend! Es stand so sehr im Gegensatz zu allem, was er im Islam gelernt hatte. Er hatte daraufhin eine lange hitzige Diskussion mit Henry.

»Sieh mal«, sagte Nabil, »niemand hat mir je gesagt, ich solle meine Feinde lieben. Es wird uns beigebracht, sie zu hassen und aktiv zu bekämpfen. Schließlich sind dazu Feinde da. Das ist eine unerfüllbare Forderung. Ich werde niemals einen Israeli lieben können – sie sind unsere Feinde, und deshalb müssen wir gegen sie kämpfen.«

»Du hast vollkommen recht, Nabil«, erwiderte Henry, »es ist sehr schwierig, ja, sogar unmöglich. Zu vielem, was Issa uns auffordert zu tun, ist der Mensch aus seiner eigenen Kraft heraus nicht fähig. Und aus genau diesem Grund brauchen wir ihn und seine Kraft in unserem Leben. Deshalb mußt du an ihn glauben.«

»An ihn zu glauben, ist nicht schwer«, gab Nabil zurück, »wir Moslems glauben an ihn als einen großen Propheten, wir glauben, daß er von der Jungfrau Maryam aus Gottes Geist heraus geboren wurde. Aber wie kann ich ihn als Gott selbst annehmen? Gott ist eins, einzigartig, anders, unsichtbar, außerhalb menschlicher Reichweite. Ich kann in ihm niemals den Sohn Gottes sehen. Das widerspricht meiner Erziehung und allem, was ich jemals gelernt habe.«

Ein anderer Vers, der Nabil ins Auge sprang, war die Aussage Issas: »Die Starken bedürfen des Arztes nicht, sondern die Kranken ... Ich bin gekommen, um die Sünder zu rufen und nicht die Gerechten« (Matthäus 9, 12.13). Er war sehr erstaunt, als er diese Worte zum ersten Mal las.

»Meinte Issa nur die körperlich Kranken?« fragte er Henry. »War er denn an den normalen, gesunden Menschen nicht interessiert?«

»Jesus meint jeden einzelnen von uns«, erklärte Henry. »Wir alle sind krank durch die Sünde. Wenn du glaubst, du seist kein Sünder, nur weil du ein paar religiöse Regeln einhältst, irrst du dich.«

Von diesen Offenbarungen war Nabil sehr getroffen. Obwohl er sich selbst für einen ehrlichen Menschen und guten Moslem hielt, war er nie glücklich oder entspannt gewesen, hatte er niemals wirklich Frieden mit sich selbst gehabt. Er war ein Einzelgänger, er las, dachte nach, und weil er nicht gerne mit anderen Menschen zusammen war, mied er gesellschaftliche Aktivitäten so weit wie möglich. Schon immer hatte er sich viele Sorgen gemacht, und bisher war ihm seine Religion beim Lösen dieser persönlichen Probleme keine große Hilfe gewesen. Als er jedoch die Worte Issas las, begann sich etwas in seiner Seele zu regen, eine Andeutung von Frieden und Erfüllung, etwas, das er nie zuvor empfunden hatte.

Nabil stellte fest, daß für Henry und seine Freunde Gott nahe und persönlich war, ein liebender Vater, dem sie vertrauen und den sie auch um die kleinen Dinge ihres alltäglichen Lebens bitten konnten. Das war wirklich eine Offenbarung. Gebet war immer nur ein Ritual gewesen, das man in der vorgeschriebenen Weise zu erfüllen hatte, ohne nach dem Warum zu fragen. Gott verlangte es, und das war Grund genug. Wenn man sich nicht danach richtete, mußte man mit einer furchtbaren Bestrafung rechnen. Noch niemals hatte er es erlebt, daß für persönliche Anliegen oder sogar für andere Menschen gebetet wurde, doch für Henry und seine Freunde schien das die natürlichste Sache auf der Welt zu sein.

Sie sprachen darüber, wie man eine persönliche Beziehung zu Gott haben könne, der jeden Menschen liebt und jeden so akzeptiert, wie er ist, ein Gott, der alle Sünden vergeben hat, weil Issa die Bestrafung für sie auf sich genommen hat, als er am Kreuz starb. All das war unglaublich – aber sehr reizvoll! Allein der Gedanke, man müsse sich nicht mehr anstrengen, um sich bei Gott etwas zu verdienen; nicht mehr in der ständigen Angst leben zu müssen, ob man an diesem Tag auch nichts falsch gemacht habe; die Gewißheit zu haben, daß man schon jetzt einen festen Platz im Himmel hat – das schien alles zu schön, um wahr zu sein.

Jeden Abend, bevor Nabil zu Bett ging, betete er mit Hilfe eines Rosenkranzes dreiunddreißigmal die Schahada, eine Gewohnheit, die sich bei ihm festgesetzt hatte, seit seine Mutter sie ihn als Kind gelehrt hatte. Sollte er im Schlaf sterben, so konnte er sicher sein, als Moslem zu sterben und nicht als Kaffir. Welche Sünden er im Laufe des vergangenen Tages auch begangen haben mochte – die Schahada machte ihn für diese Nacht zu einem guten Moslem. Während dieser schwierigen Monate hielt er an seiner Gewohnheit fest, gestärkt durch das Wissen, immer noch ein guter Moslem zu sein.

Schließlich wurde es Zeit für Henrys großen Sommerurlaub. Bevor er abflog, bat er Nabil, ein Auge auf sein Geschäft zu werfen und hin und wieder die Bücher zu prüfen. Nabil war von diesem Vertrauensbeweis tief bewegt. Henry lud ihn auch ein, ihn in den USA besuchen zu kommen, doch Nabil hatte nicht vor, solch eine weite Reise zu unternehmen. Er begleitete Henry zum Flughafen, und auf dem Weg gab Henry ihm den Rat, weiterhin die Injil zu lesen, selbst wenn er nicht alles verstand.

»Nimm es einfach ganz wörtlich«, sagte er. »Versuch nicht, zwischen den Zeilen zu lesen.« Er wußte, daß man im Islam den Koran interpretierend liest, immer auf der Suche nach dem verborgenen Sinn hinter den Worten.

Er verließ Dubai, und in Nabils Leben blieb eine Lücke zurück. Nabil vermißte seinen Freund. Er hatte sich so sehr daran gewöhnt, seine Zeit mit Henry zu verbringen, daß er nicht mehr wußte, was er mit seiner freien Zeit anfangen sollte.

Einige Monate später stand auch Nabil ein längerer Urlaub bevor. Einer plötzlichen Eingebung folgend, entschloß er sich, in die USA zu fliegen. Er wollte Kamal besuchen, einen sehr guten Freund aus Syrien, der jetzt in Boston studierte, und dabei könnte er vielleicht auch bei Henry vorbeischauen. Für einen Syrer war es in den Vereinigten Arabischen Emiraten weitaus unkomplizierter, ein Visum für die Vereinigten Staaten zu bekommen, als in Syrien selbst. Die Firma würde die Hälfte seiner Auslagen übernehmen – also beschloß er, seinen Plan in die Tat umzusetzen.

Nabil flog von Dubai zum John F. Kennedy Airport in New York, dann ging es mit dem Bus weiter nach Boston, wo Kamal ihn abholte und in seine Wohnung mitnahm. Er genoß die Zeit bei seinem Freund Kamal, nachdem sie sich so lange nicht mehr gesehen hatten. Nabil versuchte auch, mit Henry Kontakt aufzunehmen, um einen Besuch auszumachen, aber Henry war geschäftlich unterwegs und konnte keinen Termin mehr freimachen.

Eines Tages kam Joseph, ein libanesischer Christ und ein Freund von Kamal, zu Besuch. Kamal stellte ihn Nabil vor, und sie setzten sich zusammen und unterhielten sich. Joseph erzählte ihm von seiner früheren Arbeit in Beirut –

er war dort in Gefängnisse gegangen und hatte den Häftlingen von Jesus erzählt. Nabil war überrascht.

»Aber diese Leute haben nur bekommen, was sie verdienten«, sagte Nabil. »Gott hat sie für ihre Verbrechen ins Gefängnis werfen lassen, es ist sein Wille, sie verdienen ihre Strafe, warum soll man sich dann noch mit ihnen belasten?«

»O nein«, sagte Joseph, »Gott liebt sie immer noch, und er will sie retten. Er will ihnen ein besseres Leben geben.«

»Gott will ihnen bestimmt kein besseres Leben geben«, erwiderte Nabil, »er bestraft sie für ihre Sünden.«

Joseph sprach äußerst respektlos über Mohammed. Er deutete an, Mohammed sei ein unbedeutender Mensch aus einer wenig angesehenen Familie gewesen, und das brachte Nabil so sehr in Rage, daß er fast die Beherrschung verloren und ihn geschlagen hätte.

»Hör auf!« schrie Nabil. »Du mußt verrückt sein. Jeder weiß, daß er zu den Quraish gehörte, und sie waren die angesehenste Familie in Mekka. Kein Moslem wird jemals hören wollen, was du zu sagen hast, wenn du die Tatsachen auf diese Weise verdrehst.«

Einige Tage später besuchte sie ein anderer Libanese mit seinem Sohn und einem amerikanischen Freund, Steve Mailer. Wie es in der arabischen Kultur üblich ist, tranken sie Kaffee und unterhielten sich. Nabil war von Steve beeindruckt. Er erinnerte ihn stark an seinen Freund Henry. Steve hatte viele Jahre in einem islamischen Land gearbeitet und kannte die dortige Kultur und die gesellschaftlichen Regeln. Er sprach genau wie Henry, und Nabil war sich fast sicher, daß er einen ähnlichen Glauben hatte. Als er wieder aufbrach, verabredeten sie sich für den nächsten Tag in Steves Haus in New Jersey.

Kamal brachte Nabil dorthin, und sie hatten ein ausführliches Gespräch über Religion. Nabil erklärte seine

Situation, erzählte von seiner geistlichen Suche und daß er einfach nicht mehr so weiterleben könne, hin- und hergerissen zwischen zwei Religionen. Zwar liebte er seine Familie, seinen ganzen Hintergrund und die arabische Gesellschaft, doch war er mehr und mehr zu der Überzeugung gelangt, daß Issa, der Messias, der einzige Weg zu Gott sei.

Steve erklärte, daß Issa wirklich der zum Menschen gewordene Gott sei, der sich selbst, obwohl er unschuldig gewesen sei, für uns Sünder geopfert habe. Die Einhaltung religiöser Pflichten könne uns nicht davor bewahren, von einem heiligen Gott gerichtet zu werden. Wir bräuchten einen Vermittler, der uns mit Gott versöhne, und dieser Vermittler sei Issa, der es durch seinen Tod erreicht habe, daß Gott jedem, der an ihn glaube, vergebe.

»Steve«, sagte Nabil, »ich glaube alles, was du mir gerade gesagt hast. Ich möchte ein wahrer Nachfolger Issas werden.«

»Nicht so schnell, junger Mann«, bremste Steve. »Laß uns erst einmal beten und abwarten, in welche Richtung Gott uns führt.«

Sie beteten zusammen, dann fuhr Nabil zu Kamal zurück. Einige Tage später saß er nach fünfundvierzig Tagen in den USA im Flugzeug zurück nach Dubai.

Er war immer noch verwirrt. Gedankenverloren saß er dort, weinte innerlich und betete. »Ich kann so nicht weitermachen«, sagte er zu Gott, »ich kann nicht weiter eine Lüge leben. Ich kann nicht mit Anwar in die Moschee gehen oder mit Mutter reden, als wäre ich immer noch ein guter Moslem, als hätte sich nichts verändert. Ich kann nicht tagsüber ein Moslem sein und am Abend zu Issa beten – zeige mir, was ich tun soll.«

Zurück in Dubai hatte er sich bald wieder an seine alte Routine gewöhnt, aber er hatte keinen Frieden. Als er eines Nachts nicht einschlafen konnte, ging er hinaus, um einen Spaziergang zu machen. Er wußte, daß er sich der Situation stellen mußte, denn er konnte nicht zur selben Zeit zwei völlig verschiedene Existenzen führen. In den nächtlichen Straßen von Dubai traf er schließlich eine klare Entscheidung. Er glaubte an Issa, er glaubte, daß Issa für seine Sünden gestorben war, also würde er ein wahrer Nachfolger des Messias werden.

Es war die Entscheidung eines Augenblicks, aber sie sollte Nabils Leben vollkommen verändern, auch wenn er zu dieser Zeit noch nicht vorhersehen konnte, wieviel Schwierigkeiten auf ihn zukamen. Nun, da er einmal einen Entschluß gefaßt hatte, fühlte er sich glücklicher als jemals zuvor. Es war der glücklichste Augenblick in seinem ganzen Leben. Er hatte endlich Frieden mit sich selbst und mit Gott. Er hatte die richtige Entscheidung getroffen!

Er ging zurück in seine Wohnung, und bevor er einschlief, betete er noch, wie gewohnt, die Schahada. Diese alte Gewohnheit war schwer loszuwerden. Der Teufel flüsterte: »Wenn du es nicht tust und wachst am Morgen nicht mehr auf, dann bist du als ein Kaffir gestorben.« Es dauerte einige Monate, bevor er dieses allabendliche Ritual aufgab.

Als Henry nach Dubai zurückkehrte, erzählte Nabil seinem Freund freudig von seiner Entscheidung. Henry jedoch war nicht so glücklich darüber. Er hatte das Gefühl, Nabil habe es ein wenig zu eilig. Im Grunde machte er sich Sorgen um seinen Freund, denn er wußte besser als Nabil um die ernsthaften Konsequenzen, die solch ein Schritt für einen Moslem in einer islamischen Gesellschaft hat.

»Du hast einen Fehler gemacht«, sagte er Nabil. »Du kannst Moslem bleiben und zur gleichen Zeit zu Issa beten. Gott wird es verstehen. Wenn jemand von deiner Entscheidung erfährt, wirst du große Schwierigkeiten bekommen.«

Doch Nabil war nicht überzeugt. Im Islam muß man hunderte Male Mohammeds Namen nennen, ihn segnen und für ihn beten. Man nähert sich Gott aufgrund seiner eigenen Verdienste und nicht durch einen Vermittler, der schon alles für die Menschen getan hat, oder durch ein Opfer. Außerdem muß man leugnen, daß Gott einen Sohn haben könne. Nein, er könne nicht so weitermachen.

Trotz dieser Meinungsverschiedenheit erwies sich Henry als eine große Hilfe. Sie verbrachten viel Zeit, beteten, lasen in der Injil, und Henry half ihm zu verstehen, was es bedeutete, ein wahrer Nachfolger Issas zu sein. Nabil genoß diese gemeinsamen Zeiten.

Als sie jedoch von der Injil zum Alten Testament, der Tawrah, kamen, war Nabil schockiert – hier ging es ausschließlich um Israel, den Erzfeind der Araber! Wie hatte Gott den Israeliten so viele Zusagen und Vorrechte geben können? Natürlich wird es im Islam anerkannt, daß Gott die Tawrah und die Zabur (Psalter) den Juden offenbart hat und daß Mose und andere große Propheten aus ihnen hervorgegangen sind. Aber sie sind Gott ungehorsam gewesen und haben die Schriften verfälscht, weshalb Gott zornig auf sie geworden ist, sie bestraft hat und schließlich seinen letzten Boten zu den Menschen geschickt hat, Mohammed, der ihnen die endgültigen und wahren Schriften brachte, den Koran.

Es fiel Nabil schwer zu akzeptieren, daß das Alte Testament die wahre Geschichte des Handelns Gottes mit den Menschen enthielt und der Koran die Tatsachen verwirrte. Der Grundtenor war viel zu politisch, viel zu relevant für das heutige Palästinenserproblem. Und außerdem erregte dieses Buch viel zu sehr die Gemüter der moslemischen

Araber, als daß es ohne Schwierigkeiten hätte akzepiert werden können. Es brauchte Zeit, doch Gott veränderte nach und nach sein Denken, bis er es für sich annehmen konnte, daß die ganze Bibel, vom Ersten Buch Mose bis hin zur Offenbarung des Johannes, Gottes Heiliges Buch war.

Nabil stellte fest, daß sich sein Charakter langsam veränderte, oder besser: verändert wurde, seit er an Issa glaubte. Er hatte ein inneres Bedürfnis, zu beten und die Bibel zu lesen. Es war nicht eine reine Pflichterfüllung, wie er es im Islam empfunden hatte, sondern ein freudiges Hingezogensein. Er brauchte nicht auf die Uhr zu schauen, um zu sehen, ob es Zeit zum Gebet wäre, sondern es war sein Herzenswunsch zu beten. Und er verbrachte viel Zeit im Gebet. Er mußte nicht – er wollte! Er war wirklich glücklich; zum ersten Mal in seinem Leben war diese innere Leere verschwunden.

Nabil lebte immer noch in einer islamischen Welt, noch immer war er Manager eines islamischen Verlagshauses. Niemand wußte von seiner Entscheidung. Er las und betete nur, wenn er abends allein in seiner Wohnung war. Nach außen hin hatte sich nichts verändert; er sprach mit niemandem über seinen neuen Glauben – doch Anwar und sein Chef bemerkten sehr wohl eine Veränderung. Sie stellten fest, daß er nicht mehr in die Moschee ging. Einmal besuchte Anwar Nabil in seiner Wohnung und sah dort eine Injil auf dem Tisch liegen. Er war außer sich.

Die Situation zwischen ihm, Anwar und Ahmad spitzte sich zu. Es gab einen fürchterlichen Streit, und Nabil wurde ohne Gehalt oder Entschädigung gefeuert. Er entschloß sich, Dubai zu verlassen und nach Polen zu fliegen.

Es war gut, daß Nabil sich so schnell mit dem syrischen Konsul in Verbindung gesetzt und das Problem mit seinem Militärdienst geregelt hatte, denn bald nach dem

Streit rief Anwar ihre Eltern in Damaskus an und erzählte ihnen von der Veränderung, die er bei Nabil bemerkt hatte. Sie machten sich große Sorgen, und Fairouz rief ihn mehrere Male an, um sich zu versichern, daß er immer noch ein guter Moslem war.

»Sag mir die Schahada auf«, bat sie ihn, »ich will sie dich mit meinen eigenen Ohren sagen hören.« Er tat es, da er ihre Gefühle nicht verletzen wollte. Sonst wäre sie im gleichen Moment gestorben.

»Ich habe gehört, du seist Christ geworden«, fuhr sie fort. »Ist das wahr? Warum hast du eine Bibel in deiner Wohnung? Ist der Koran nicht gut genug? Sollte ich jemals hören, daß du Christ geworden bist, bist du nicht länger mein Sohn, ich werde dir mein Herz verschließen.«

Für einen gläubigen Moslem war das eine schwere Drohung, denn ohne den Segen des Vaters und der Mutter gibt es keine Hoffnung auf den Einlaß ins Paradies.

Sie war ein wenig beruhigt dadurch, daß sie die Schahada von seinen eigenen Lippen gehört hatte, doch Hasib und Anwar ließen sich nicht täuschen. Hasib sprach niemals direkt mit Nabil – er benutzte Anwar als Übermittler, um Nabil von seinem Mißfallen und dem Schock wissen zu lassen. Die Härte seines Vaters verletzte Nabil. Er fühlte sich sehr erleichtert, als er das Flugzeug mit dem Ziel Europa bestieg und alles hinter sich ließ.

9
Polnische Romanze

Warum flog Nabil nach Warschau? Was zog ihn in ein kommunistisches Land Osteuropas?

Im Laufe seiner Arbeit für islamische Verleger war Nabil in verschiedene Länder geflogen, um den Vertrieb der Luxusausgabe des Koran, die in Singapur gedruckt wurde, zu koordinieren. Es war ein sehr umfangreiches Projekt, und man traf sich oft, um Fehler zu korrigieren, das Layout zu verbessern und andere wichtige Dinge zu besprechen. Die Arbeit mußte äußerst gewissenhaft durchgeführt werden, denn ein einziger Fehler in einer Ausgabe des Koran bedeutete, daß die gesamte Auflage vernichtet werden mußte. Alles, bis hin zum kleinsten Vokalzeichen, mußte absolut perfekt sein.

Da Ahmad, sein Chef, kein Wort Englisch sprach, überließ er Nabil die Verhandlungen mit Kunden aus Ländern, in denen nicht Arabisch gesprochen wurde, so daß dieser nach Libanon, Spanien, Frankreich, Deutschland und Indien reiste, um sich um die vielen verschiedenen Aspekte dieses Prestigeprojekts zu kümmern.

Auf einer dieser Auslandsreisen flog er mit einem Kollegen nach Europa. Bei einer Zwischenlandung in Warschau ergab es sich, daß sie mehrere Tage auf den Anschlußflug warten mußten. Sein Freund schlug vor, anstatt in der Nähe des Flughafens zu warten, könnten sie den Zug nach Krakau nehmen und seinen Vetter besuchen, der dort studierte. Da sie ohnehin nichts Besseres zu tun hatten, stimmte Nabil zu. In Krakau lud sie der Vetter ein, auf eine Party mitzugehen, die noch am gleichen

Abend stattfand. Auf dieser Party wurde Nabil einer jungen polnischen Frau namens Renata vorgestellt. Groß, dunkelhaarig und mit glänzenden schwarzen Augen machte sie einen starken Eindruck auf ihn. Vom ersten Augenblick an war Nabil verliebt – und zum ersten Mal in seinem Leben. Jahrelang hatte er sich gegen den Gedanken ans Heiraten gewehrt, obwohl er dem stetigem Druck von seiten seiner Mutter ausgesetzt war. Jedesmal, wenn sie ihn in Dubai besucht hatte, hatte sie von verschiedenen Mädchen erzählt, die an ihm interessiert waren, und versucht, ihn zu überreden, eine von ihnen zu heiraten. Aber Nabil hatte diesem Druck immer widerstanden.

Die Begegnung mit Renata änderte alles. Plötzlich war jeglicher Widerstand gebrochen, und er konnte nur noch an sie denken. Sie schien seine Gefühle zu erwidern – immerhin war er ein gutaussehender, geheimnisvoller Fremder aus der sagenhaft reichen Golfregion. Sie sprachen über sich selbst und über ihre Arbeit. (Renata arbeitete als Sekretärin in der Stadtverwaltung, wo man ihre Mitarbeit sehr schätzte.) Nabil lud sie schließlich für den nächsten Tag zum Essen ein.

Nach einem romantischen Abendessen zeigte Renata ihm die Sehenswürdigkeiten ihrer Stadt. Wie es in der arabischen Kultur üblich ist, bat Nabil sie gleich an diesem Abend, ihn zu heiraten. Renata war ein wenig vor den Kopf gestoßen – das alles ging ihr viel zu schnell! Sie glaubte zwar, daß sie ihn liebte, aber sie brauchte Zeit, darüber nachzudenken. Sie einigten sich auf eine vorläufige Verlobungszeit, in der sie sich in gewissem Maße aneinander binden würden, jedoch zugleich die Möglichkeit offen ließen, sich über die Zukunft Gedanken machen und einander näher kennenlernen zu können. Renata stellte Nabil ihrer Mutter und ihren Arbeitskollegen vor –

sie alle mochten ihn. Sie tauschten ihre Adressen aus, und als er wieder nach Dubai zurückkehrte, entwickelte sich ein lebhafter Briefwechsel, der durch gelegentliche Telefonanrufe bereichert wurde.

Von dieser Zeit an verbrachte Nabil jeden Urlaub in Polen und machte Renata den Hof. Bald trafen sie die endgültige Entscheidung zu heiraten und begannen damit, die notwendigen Genehmigungen zu beantragen.

Es war eine verrückte Situation. Beide waren unaussprechlich naiv in bezug auf das wirkliche Leben. Keiner von ihnen wußte etwas über den Hintergrund und die Kultur des anderen oder über das politische und rechtliche Labyrinth, in das sie sich hineinbegaben. Sie waren sich sicher, daß ihre Liebe schon alles regeln würde.

Renata kam aus einer traditionellen, strenggläubigen römisch-katholischen Familie. Es war eine große Familie, in der alle eng zusammenhielten und einander oft besuchten, um über dieses und jenes zu reden. Obwohl sie alle sagten, Nabil sei ein guter Mann, und jeder ihn zu mögen schien, gab es dieses grundlegende Mißtrauen der Polen gegenüber Fremden. »Er ist ein Moslem«, sagten sie immer wieder zu Renata, »vielleicht hat er da unten am Golf noch andere Frauen. Er kann sich jederzeit von dir scheiden lassen, wenn ihm danach ist. Gib acht!«

Dazu kamen noch starke Verständigungsschwierigkeiten. Renata sprach nur das bißchen Englisch, das sie in der Schule gelernt hatte, aber niemals wirklich hatte anwenden können, und kein Wort arabisch. Anfangs mußten ihre Freunde ihnen helfen und übersetzen, oder sie verständigten sich mit Händen und Füßen. Nabil entschloß sich jedoch, polnisch zu lernen und stürzte sich mit solch einem Eifer auf sein Sprachstudium, daß er schon bald in begrenztem Maße kommunizieren konnte. Zur gleichen Zeit versuchte Renata, ihre Englischkenntnisse zu verbessern – aber es war ein langsamer Prozeß.

Nabil versuchte Renata von seinem neuen Glauben an Jesus zu erzählen, auch wenn das durch die Verständigungsschwierigkeiten nicht eben einfach war. Zwar freute sie sich zu hören, daß er, ein Moslem, an Jesus glaubte, doch war sie sich sicher, er müsse irgendeiner gefährlichen Sekte in die Hände gefallen sein, wie etwa den Zeugen Jehovas, die für jeden ernsthaften Katholiken tabu waren. Für sie und ihre Familie war die römisch-katholische Kirche die einzig wahre christliche Kirche, die einzige Hüterin des wahren Glaubens und des Heils.

Wie konnte er als ein Moslem irgendetwas über den Katholizismus wissen? So versuchten sie ihm einige ihrer Doktrinen zu erklären, doch ohne großen Erfolg. Nabil fand es verwirrend, mit den verschiedenen Gruppierungen innerhalb des Christentums konfrontiert zu werden, doch befolgte er Henrys und Steves Rat, sich allein an die Bibel als einzig gültige Autorität in Glaubensfragen zu halten, und er mußte feststellen, daß sich einige der katholischen Rituale weit von dieser Grundlage entfernt hatten. Über Briefe und Telefon hielt er den Kontakt zu seinen beiden Freunden, die ihm rieten, Renata seinen Glauben nicht aufzudrängen, sondern die Zeit wirken zu lassen.

Nabil hatte versucht, die Beziehung zu Renata vor seiner Familie geheimzuhalten. Nach kurzer Zeit jedoch kehrte ein syrischer Freund von Nabil, der in Dubai gelebt hatte und davon wußte, nach Syrien zurück und besuchte Hasib und Fairouz. Er erzählte ihnen alles, was er wußte, über Nabils Romanze ebenso wie über sein Interesse an der christlichen Religion. Sie waren außer sich, nicht, weil sie gegen eine Ehe Nabils mit einer christlichen Frau gewesen wären – das ist im Islam erlaubt –, sondern weil sie fürchteten, Nabils mögliche Kinder, ihre Enkel, die den Namen Madani tragen würden, würden als Christen erzogen werden und nicht als Moslems. Das war ihre größte Sorge, zumal sie wußten, daß Nabil sich zum Christentum hingezogen fühlte.

Nabil schrieb ihnen einen kurzen Brief, in denen er ihnen die Situation erklärte, und legte ein Foto von Renata bei. Ihre Reaktion war wenig enthusiastisch. Sie war viel zu alt für ihn (Renata war drei Jahre jünger als Nabil, doch wird im Islam eine fünf oder mehr Jahre jüngere Braut bevorzugt). Es wäre eine Dummheit, Renata zu heiraten – er könnte ein Mädchen aus einer der angesehensten Familien in ganz Syrien haben. Wofür wollte er eine Ausländerin und noch dazu eine Christin? Hasib und Fairouz versuchten mit allen Mitteln, ihn wieder nach Damaskus zurückzulocken und versprachen, sie würden die Hochzeit mit jedem syrischen Mädchen, das ihm gefiel, arrangieren, wenn er nur zurückkäme. Doch Nabil lehnte ab. Er hatte Angst vor der strengen Hand seines Vaters und vor der dauernden Überwachung, der er ausgesetzt wäre, wenn er jemals zu seiner Familie zurückkehren würde. Er würde Renata heiraten und keine andere, komme, was da wolle! Als sie merkten, daß sie ihn nicht würden überzeugen können, schlugen sie vor, er solle sie zum Islam bekehren. Wenn sie überträte, wären sie glücklich und würden sie nur zu gern als ihre Schwiegertochter annehmen, und Nabil und Renata wären sogar willkommen, bei ihnen zu leben. Sie waren zu allem bereit, nur um sicher sein zu können, daß ihre Enkel Moslems würden.

Es dauerte achtzehn Monate, bis sie alle notwendigen Genehmigungen für die Eheschließung zusammenhatten. Die syrischen Behörden benötigten Hunderte von Formularen und Dokumenten. Sie untersuchten sogar, ob

Renata irgendwelche jüdischen Vorfahren habe. Sie mußte eine detaillierte Auflistung ihrer Vorfahren über mehrere Generationen hinweg erstellen und diese ins Arabische übersetzen lassen. Alle Übersetzungen mußten zur Beglaubigung nach Damaskus und dann wieder zurück nach Warschau geschickt werden. Es war ein bürokratischer Alptraum! Schließlich fiel Nabil der alte Trick seines Vaters ein – Beziehungen. Er hatte einen Freund, den er noch aus seiner Zeit an der High School in Damaskus kannte und der sich mit einem Sohn des Präsidenten gut verstand. Nabil bat ihn, etwas zu unternehmen, da er keinen Ausweg mehr aus diesem bürokratischen Labyrinth sah. Der Freund zeigte Verständnis, sprach Nabils Fall beim Sohn des Präsidenten an, dieser telefonierte mit jemandem im zuständigen Ministerium – und auf wunderbare Weise lagen von einem Tag auf den anderen sämtliche Genehmigungen vor!

Hasib wußte zu jener Zeit noch nichts von den Beziehungen zur Präsidentenfamilie. Als er später von der Hilfe hörte, die Nabil von jenem Freund erhalten hatte, regte er sich so sehr darüber auf, daß er jeglichen Kontakt zu diesem abbrach. Er hatte ernsthaft gehofft, Nabil würde die Genehmigungen niemals zusammenbekommen, wieder vernünftig werden und seine christliche Freundin aufgeben.

Schließlich hielten Nabil und Renata alle notwendigen Papiere von syrischer wie von polnischer Seite in ihren Händen. Im Februar 1986 wurden sie in Krakau standesamtlich getraut. Nabil blieb zwei Monate in Polen, bevor er nach Dubai zu seiner Arbeit zurückkehren mußte. Zu diesem Zeitpunkt flammte der Streit mit Ahmad auf, er wurde gefeuert und entschloß sich, die Golfregion zu verlassen. Im Dezember 1986 ließ Nabil Dubai für immer hinter sich, um zu seiner jungen polnischen Frau zu fliegen, gerade rechtzeitig zur Geburt ihres ersten Sohnes Piotr.

Nabil hatte gehofft, in Polen ein neues Leben beginnen, eine Arbeit finden und sich dort niederlassen zu können, doch sehr bald wurden seine Hoffnungen zerschlagen. Es schien keine Möglichkeit zu geben, eine Aufenthaltsgenehmigung zu bekommen. Als Tourist mußte er täglich fünfzehn Dollar zum offiziellen Wechselkurs umtauschen – auf dem Schwarzmarkt bekam er viel mehr für seine Dollar –, außerdem mußte sein Visum jeden Monat erneuert werden, und er bekam keine Arbeitserlaubnis. Seine Ersparnisse neigten sich bald dem Ende zu. Jede Möglichkeit, die ihm in den Sinn kam, probierte er aus – doch alles ohne Erfolg. In seiner Verzweiflung wandte er sich an die syrische Botschaft in Warschau mit der Bitte, man möge auf die polnischen Einwanderungbehörden Druck ausüben, um ihm zu helfen, doch sie weigerten sich. Der syrische Konsul teilte ihm mit, sie würden sich keinesfalls in eine interne polnische Angelegenheit einmischen – das Beste, was Nabil tun könne, sei, nach Damaskus zurückzukehren.

Sechs Monate, nachdem Nabil zuletzt nach Polen gekommen war, gingen sie wieder zur polnischen Einwanderungsbehörde, um eine weitere Verlängerung seines Touristenvisums um einen Monat zu beantragen, doch diesmal wurde sie abgelehnt. Es half nichts, darauf hinzuweisen, daß er mit einer Polin verheiratet war – sie bestanden darauf, daß er Polen zu verlassen habe und später ja wieder versuchen könne einzureisen. Nabil glaubte, das sei nur der Standpunkt eines unbedeutenden Beamten, und versuchte daher, mit denjenigen in Verbindung zu treten, die im polnischen Innenministerium das Sagen hatten, doch die wiederholten nur, was er schon gehört hatte: Sollte er das Land nicht aus freien Stücken verlassen, müsse er abgeschoben werden.

Während dieser qualvollen Tage fiel Renata Nabils fester Glaube an Jesus auf. Er verbrachte viel Zeit im Gebet, und sie war beeindruckt von der Ernsthaftigkeit und der Einfachheit dieser Gebete. Keine Rituale, keine Formeln – er schüttete einfach nur vor Jesus sein Herz aus. Sie verstand nicht, warum er kein Kreuz schlug, bevor er betete, oder warum er kein »Ave-Maria« betete; es überraschte sie, daß er als Laie die Bibel ganz für sich allein las – die Bibel war doch nur etwas für die Priester. Trotz allem mußte sie zugeben, daß er einen starken und persönlichen Glauben an Jesus hatte.

Nabil und Renata kapitulierten schließlich vor der Launenhaftigkeit der Bürokratie. Da es nichts mehr gab, was sie hätten tun können, entschlossen sie sich, gemeinsam nach Damaskus zu fliegen und zu sehen, was sie von der syrischen Hauptstadt aus erreichen konnten. Im April 1987 bestiegen sie ein Flugzeug nach Damaskus. Piotr war gerade vier Monate alt und Renata zu dieser Zeit schwanger mit ihrem zweiten Kind. Sie wußte nichts über den Nahen Osten, sie wußte nur, daß Nabils Familie sie beide zurückgewiesen hatte und versuchen könnte, ihnen ihre Kinder zu nehmen. Aber sie war entschlossen, Nabil eine treue Ehefrau zu sein und durch dick und dünn mit ihm zu gehen.

10

Im Exil

Nabil war sehr besorgt, denn er fürchtete, seine Familie könnte von ihrer Ankunft in Damaskus erfahren. Er hatte den Kontakt zu Amal, seiner Lieblingsschwester, gehalten. Und durch sie und verschiedene andere Freunde wußte er, daß Anwar Hasib und Fairouz gegen ihn aufgebracht hatte, indem er behauptete, Nabil sei zum Christentum konvertiert, und abtrünnige Moslems verdienten dem Gesetz des Islam zufolge den Tod. Anwar und Onkel Mohammed hatten Hasib sogar gedrängt, mit Nabil Verbindung aufzunehmen und ihm ein Ultimatum zu stellen: Innerhalb einer Frist von wenigen Tagen sollte Nabil dem Christentum abschwören, oder das Gesetz würde erfüllt und er, auf welche Weise auch immer, getötet werden. Doch Fairouz hatte heftig protestiert und sie gebeten, Nabil in Frieden zu lassen, solange er außerhalb des Landes blieb. Widerwillig hatten sie zugestimmt.

Hasib jedoch war außer sich vor Wut. Nabil hatte Schande über den Namen der Familie gebracht, hatte seinen Stolz als Vater verletzt und sich gegen alles gewandt, wofür er, Hasib, stand. Jeder wußte inzwischen von der Geschichte, und überall wurde darüber geklatscht. Er schämte sich vor seinen Kollegen im Ministerium. Er verkündete allen Familienmitgliedern, daß Nabil nicht länger sein Sohn sei, daß er ihn aus seinem Testament gestrichen habe und versuchen werde, seine Kinder zu entführen und sie zu wahren Moslems zu machen, wenn sich die Gelegenheit dazu biete. Er riet allen, jeglichen

Kontakt zu Nabil abzubrechen, da sie sich sonst seinem väterlichen Zorn aussetzen würden.

Nabil und Renata hatten niemandem von ihrem Flug nach Damaskus erzählt, um es vor der Familie geheimzuhalten. Der Gedanke, sie könnten ihr Piotr wegnehmen, trieb Renata schier in die Verzweiflung. Gerne hätte sie ihre Schwiegereltern kennengelernt, aber sie hatte zuviel Angst um Piotr. Sie wußte, daß Hasib als der Großvater in Syrien das Recht dazu hatte, seinen Enkel zu sich zu nehmen, wenn er nur behauptete, sein Sohn sei vom Islam abgefallen. Für den Fall, daß sie Syrien überstürzt allein verlassen mußte, hatten sie Piotr in ihren polnischen Paß eintragen lassen und nicht in Nabils syrischen. Bei ihrer Ankunft nahmen sie ein Taxi ins christliche Viertel der Stadt und mieteten sich ein Zimmer in einem Kloster, das auch als Herberge diente.

Bei verschiedenen Botschaften in Damaskus versuchten Nabil und Renata Visa für irgendein westliches Land zu bekommen, doch überall wies man sie ab. Schließlich gingen sie zur zypriotischen Botschaft, deren Konsul sehr freundlich und mitfühlend war. Er hörte sich ihre Geschichte an und beschloß, ihnen ein Zehn-Tage-Visum für Zypern auszustellen, obwohl Renata es eigentlich von Warschau aus hätte beantragen müssen. Zusätzlich gab er ihnen ein Schreiben an die zypriotischen Einwanderungsbehörden, in dem er ihre Situation erklärte, und riet ihnen, wenn sie erst einmal in Zypern wären, politisches Asyl zu beantragen.

Nun brauchten sie noch Ausreisevisa für Syrien, also begaben sie sich, nicht ohne ein Gefühl der Beklommenheit, zum syrischen Innenministerium, wo der Beamte ihnen einige Formulare zum Ausfüllen gab. Nabil mußte eine Genehmigung vom Verteidigungsministerium vorlegen sowie sein schriftliches Einverständnis, daß seiner

Frau und seinem Sohn Ausreisevisa ausgestellt werden durften. Der ganze Vorgang war äußerst kompliziert. Renata war so nervös, daß sie einmal sogar in Tränen ausbrach. Schließlich waren alle Pässe abgestempelt, und sie konnten das Gebäude mit einem Gefühl der Erleichterung verlassen. Nabil hatte Angst gehabt, sie könnten jemandem begegnen, der seinen Vater kennt.

Sechs Wochen, nachdem sie in Damaskus angekommen waren, hatten sie endlich alles Notwendige erledigt und fuhren zum Flughafen, um den nächsten Flug nach Larnaka auf Zypern zu nehmen. Beim Einchecken stellte man fest, daß ihr Gepäck zu schwer war, und verlangte einen hohen Zuschlag dafür. Da sie nicht sehr viel Geld hatten, suchte Nabil einen Freund seines Onkels auf, der am Flughafen arbeitete, und bat ihn um Hilfe. Dieser Freund sprach mit den zuständigen Beamten der Fluglinie, und das Gepäck ging ohne weitere Schwierigkeiten durch die Abfertigung. Allerdings bestand er darauf, der Familie zu erzählen, daß er Nabil getroffen hatte – offenbar wußte er nichts von ihren Problemen.

Später hörte Nabil von Amal, daß er tatsächlich Hasib angerufen hatte, und Hasib war sehr wütend geworden. Er hatte die Familie noch einmal zusammengerufen und ihnen gesagt, er hätte niemals zugelassen, daß Nabil und Piotr Syrien wieder verlassen, wenn er gewußt hätte, daß sie in Damaskus gewesen sind. Er hätte ihre Pässe einziehen lassen und aus Piotr einen guten Moslem gemacht. Er wiederholte noch einmal, daß Nabil nicht mehr sein Sohn sei und daß niemand mit ihm Kontakt aufnehmen dürfe. Jeder, der dies doch täte, würde, wie Nabil, auf der Stelle enterbt werden.

Als sie auf Zypern angekommen waren, fuhren Nabil und Renata nach Limassol, wo sie eine kleine Wohnung mieteten. Von dort aus rief Nabil Amal an und erfuhr in diesem Gespräch die jüngsten Neuigkeiten aus der Familie. Amal erzählte, daß Anwar und Mohammed außer sich vor Wut gewesen seien, weil er und seine Familie ihnen in Damaskus entkommen waren. Sie würden schon Pläne schmieden, wie sie ihn auf Zypern aufspüren könnten, um ihm über einen Boten das in der Scharia geforderte Ultimatum zukommen zu lassen, nach welchem er drei Tage Zeit habe zu widerrufen. Sollte er dies nicht tun, würde er getötet werden. Hasib schien diesem Plan zuzustimmen, doch Fairouz kämpfte mit allen Mitteln dagegen und drohte sogar damit, Hasib zu verlassen, wenn er nicht davon ablasse. »Er ist nicht mehr unser Sohn«, sagte sie, »also laß ihn doch einfach in Frieden.« Sie entschlossen sich, ihre wilden Pläne nicht in die Tat umzusetzen, obwohl Imans Ehemann, der Diplomat, vorgeschlagen hatte, er könne die syrische Botschaft auf Zypern dazu bringen, Nabil aufgrund irgendwelcher erfundenen Anschuldigungen abschieben zu lassen.

Hasib konnte nicht vergessen, was Nabil getan hatte. Er schwor, Nabil und Piotr eines Tages zum Islam zurückzuholen. Anwar trug er auf, Nabil seine Freiheit nicht genießen zu lassen, sondern wenigstens zu versuchen, die Kinder zu entführen. »Wie kann ich meinen Kollegen nach allem, was geschehen ist, noch unter die Augen treten?« sagte er zu Fairouz. »Sie alle wissen, daß mein Sohn ein Christ geworden ist – was für eine Schande für die Familienehre. Ich habe ihm alles gegeben, und so dankt er es seinem Vater.«

All das erfuhr Nabil von Amal am Telefon. Er war sehr traurig. Er konnte seine Eltern verstehen. Er kannte die schlimmen Vorurteile und falschen Vorstellungen, die sie über Christen und das Christentum hatten. Nur Gott konnte diese festgefahrenen Haltungen verändern. Um der Sicherheit seiner Familie willen war es besser, wenn er, Nabil, jeglichen Kontakt mit ihnen abbrach.

Als er Amal das nächste Mal anrief, bat sie ihn, sich kurz zu fassen. Ihr Ehemann machte ihr Schwierigkeiten wegen ihres Kontakts zu Nabil. Er hatte ihr verboten, mit Nabil zu telefonieren oder ihm zu schreiben, und ihr gedroht, er wolle sich von ihr scheiden lassen, wenn sie es wagte, ihm ungehorsam zu sein. Sie klang sehr traurig, als sie Nabil bat, sich nicht mehr bei ihr zu melden. Die letzte Verbindung zur Familie war nun abgerissen.

Neun Tage nach ihrer Ankunft auf Zypern nahmen sie alle ihre Papiere und gingen zur Einwanderungsbehörde in Limassol, um ihr Visum verlängern zu lassen. Der Beamte war ein großer uniformierter Mann mit einem großen, buschigen Schnurrbart, der Nabil an seinen Vater erinnerte. Als er sich ihre Pässe angeschaut und den Brief des Konsuls in Damaskus gelesen hatte, sprang er zornig auf: »Keinesfalls«, rief er, »wir sind ein friedliches Land und befinden uns in einer äußerst delikaten Situation. Schließlich haben wir gerade einen Bürgerkrieg zwischen Christen und Moslems hinter uns. Wir wollen keine Schwierigkeiten mit Syrien.« Nabil erklärte ihm, daß er nicht nach Syrien zurückkehren könne, doch der Beamte bestand darauf, daß er das Land zu verlassen habe, sobald sein Visum auslaufe.

Von Steve hatten sie die Adresse von Edward, einem libanesischen Christen in Limassol. Nabil ging sofort zu ihm, und Edward stellte ihm einen amerikanischen Freund vor, Richard, der ebenfalls gläubig war. Richard ging mit Nabil zurück zum Einwanderungsbüro und bat darum, man möge den Madanis eine Verlängerung aufgrund humanitärer Überlegungen gewähren. Der strenge Beamte willigte ein, ihnen weitere zehn Tage zu genehmigen, jedoch unter der Bedingung, daß sie 600 Zypern-

Pfund in bar als Kaution hinterlegten – eine Summe, die Nabil nicht besaß. Richard nahm ihn mit zu sich nach Hause und bat ihn, ein wenig zu warten. Er fuhr rasch zu seiner Bank, und als er zurückkam, drückte er Nabil den erforderlichen Betrag in die Hand! Nabil wußte nicht, was er sagen sollte – ein völlig Fremder war bereit, ihm solch einen hohen Geldbetrag auf reiner Vertrauensbasis zu überlasssen!

Mit dem Geld in der Hand lief Nabil zurück zur Behörde und legte dem staunenden Beamten die Banknoten auf den Schreibtisch.

Nun war die große Frage, was sie als nächstes tun sollten. Richard, der als Übersetzer für eine in Übersee operierende Handelsfirma arbeitete und fließend Arabisch sprach, erwies sich als sehr hilfreich. Überall kannte er Leute und begann sofort herumzutelefonieren, um zu sehen, was getan werden konnte. Jemand schlug vor, sie sollten sich an den Bischof der griechisch-orthodoxen Kirche in Limassol wenden und ihn um Hilfe bitten. Sie bekamen eine Audienz für den folgenden Tag, und Richard begleitete sie dorthin. Die Residenz des Bischofs war sehr beeindruckend, und zu Beginn der Audienz mußten sie, dem Protokoll folgend, seine Hand küssen. Er war ein sehr freundlicher Mensch, der sich ihre Geschichte mit großer Anteilnahme anhörte und sagte, er wolle sein Bestes tun. Sofort setzte er ein Schreiben an den leitenden Beamten der Einwanderungsbehörde in Limassol auf, mit der Bitte, man möge den Madanis eine Aufenthaltserlaubnis für Zypern ausstellen, selbst wenn dies gegen alle Vorschriften sei! Sie dankten Seiner Exzellenz überschwenglich und verließen die Bischofsresidenz voller Hoffnungen.

Mit diesem Brief bewaffnet, ging Nabil kurz vor dem erneuten Auslaufen ihres Visums wieder zur Einwanderungsbehörde. Diesmal gewährte man ihnen eine Verlängerung von fünfundvierzig Tagen, unter der Bedingung, daß sie jemanden auf Zypern nennen könnten, der für alle ihre Kosten aufkäme – einschließlich Arztkosten, falls notwendig. Wieder erwies sich Richard als ein echter Freund: Er ließ sich von seinem Chef das benötigte Bürgschaftsschreiben aufsetzen. Der unfreundliche Beamte traute seinen Augen nicht! Schon nach den ersten zehn Tagen hatte er versucht, diese Familie aus dem Land hinauszubekommen, und nun würden sie insgesamt fünfundsechzig Tage auf Zypern bleiben. Sie schienen an jeder Straßenecke Freunde und Helfer zu haben – so etwas war ihm noch nicht untergekommen. Er war sicher, das hier war Teil eines dunklen politischen Komplotts, und er versicherte ihnen, daß dies die absolut letzte Verlängerung sei, die er ihnen gewähren würde.

Da Nabil keine Arbeitserlaubnis für Zypern hatte, gingen ihre Ersparnisse langsam zu Ende. Über Amal hatte er versucht, Anwar dazu zu bewegen, ihm etwas von den ausstehenden Zahlungen, die sein früherer Chef ihm noch schuldete, und von dem Erlös für sein Auto in Dubai zu überweisen – doch Anwar weigerte sich, Nabil in irgendeiner Weise zu helfen, es sei denn, er bereue und entschuldige sich und sage, daß er alle seine Schwierigkeiten verdient habe.

Richard ermutigte Nabil, bei verschiedenen westlichen Botschaften anzufragen, ob sie ihn in ihr Land ausreisen lassen würden, doch wollte niemand Syrer und Polen haben – es war eine äußerst unglückliche Kombination. Schließlich versuchten sie es noch beim Roten Kreuz und baten darum, den Status Asylsuchender aufgrund religiöser Verfolgung zuerkannt zu bekommen. Die Dame in dem Büro war sehr mitfühlend, doch sagte sie, der Fall müsse erst an das Hauptquartier des Roten Kreuzes in

Genf weitergeleitet werden, und es könne eine Weile dauern, bis von dort eine Entscheidung komme.

»Wie ist es in der Zwischenzeit mit ihrer Aufenthaltserlaubnis auf Zypern?« fragte Richard, der Nabil wieder begleitet hatte, um ihm bei den Verhandlungen mit den zuständigen Beamten zu helfen. Während dieser schwierigen Monate war er für die Madanis eine großartige Ermutigung.

»Das ist richtig«, sagte die Dame vom Roten Kreuz. »Sobald wir ein Asylgesuch akzeptieren, muß die Einwanderungsbehörde dem Antragsteller bis zum Eintreffen des Bescheids eine Aufenthaltserlaubnis erteilen.« Sie gab Nabil ein offizielles Schreiben für die Behörde.

»Buschiger Schnurrbart« im Einwanderungsbüro war wütender als je zuvor. »Sie sind unehrlich«, beschuldigte er sie, »Sie treiben ein schmutziges Spielchen mit mir.« Doch er hatte keine Wahl, er mußte ihnen bis zum Eintreffen des Bescheids aus Genf eine weitere Verlängerung ausstellen.

Drei Monate blieb es an der Visum-Front ruhig, ohne daß sie wieder zur Einwanderungsbehörde mußten, was ein wahrer Segen war. Dann rief eines Tages jemand vom Roten Kreuz an und bat Nabil, in ihr Büro zu kommen. Er ging mit Richard dorthin, und die Dame teilte ihnen traurig mit, daß das Hauptquartier in Genf ihren Antrag abgelehnt hatte. Nabil war am Boden zerstört.

»Warum wurde ihr Gesuch abgelehnt?« fragte Richard.

»Sie ordnen den Fall als ein internes Problem ein«, antwortete sie, »in das sie sich nicht einmischen können. Sie beschäftigen sich nur mit Fällen von politischer Verfolgung. Können sie einen Beweis erbringen, daß sie von ihrer Regierung verfolgt werden?«

»Nein«, erwiderte Nabil, »ich habe Syrien auf legalem Weg verlassen. Die Regierung hatte nichts damit zu tun.

Meine eigene Familie ist es, die mir Schwierigkeiten macht.«

»Haben sie Sie in irgendeiner Weise bedroht«, fragte die Beamtin.

»Allerdings«, gab Nabil zurück, »meine Schwester hat mir am Telefon erzählt, mein Vater hätte entschieden, daß ich ein Kaffir sei und daß das islamische Gesetz auf mich angewendet werden müsse. Das heißt: Tod.«

»Haben Sie das schriftlich?« wollte sie wissen.

»Nein, es wurde mir am Telefon mitgeteilt.«

»Können Sie Ihren Vater nicht bitten, Ihnen das schriftlich zu geben?« fragte sie weiter.

Nabil lachte laut auf. Das war doch lächerlich! Er sollte seinen Vater fragen, ob er so freundlich sein könne, ihm einen Drohbrief zu schreiben, damit das Rote Kreuz in der Lage wäre, ihm zu helfen! In was für einer Welt lebten diese Leute eigentlich?

»Wir brauchen einen schriftlichen Beweis«, fuhr sie verständnisvoll fort. »Warum schreiben Sie nicht selbst solch einen Brief? In Genf würde niemand einen Unterschied feststellen können.« Sie versuchte wirklich ihr Bestes, um ihnen zu helfen.

Richard und Nabil schauten sich an, dann schüttelten sie den Kopf.

»Danke, nein«, sagten sie. »Das können wir nicht tun, selbst wenn es helfen würde.«

Sichtlich frustriert schaute sie sie an. »Es tut mir sehr leid, ich will Ihnen nur helfen. Wir brauchen nun mal einen schriftlichen Beweis.«

Also steckten sie auch hier wieder in einer Sackgasse. Die Beamtin versprach, die Information über den abschlägigen Bescheid für weitere zehn Tage zurückzuhalten, damit sie noch andere Möglichkeiten prüfen konnten. Sie wünschte ihnen alles Gute und brachte sie zur Tür.

Zwei Wochen später bekam Nabil einen Brief von der zypriotischen Einwanderungsbehörde: »Sehr geehrter Herr Madani, das Rote Kreuz hat uns davon unterrichtet, daß Ihr Antrag abgelehnt wurde. Sie sind hiermit aufgefordert, Zypern innerhalb von 48 Stunden zu verlassen.«

Renata war zu dieser Zeit im vierten Monat schwanger. Richard hatte einen plötzlichen Einfall.

»Ich frage mich, ob Frauen in deinem Zustand überhaupt fliegen dürfen?« überlegte er. »Ich kenne einen Arzt in der örtlichen Klinik. Ich werde ihn fragen; er müßte über so etwas Bescheid wissen.«

Richard rief seinen Freund an, der ihm bestätigte, daß es einer Frau, die länger als drei Monate schwanger ist, nach zypriotischem Recht nicht erlaubt ist, ein Flugzeug zu besteigen! Er bot an, ihnen einen entsprechenden Brief an die Behörden aufzusetzen. Richard und Nabil fuhren zur Klinik, holten den Brief ab und marschierten zuversichtlich in das Büro ihres alten Freundes von den buschigen Schnurrbärten.

»Mrs. Madani kann Zypern nicht verlassen, da sie im vierten Monat schwanger ist«, teilten sie ihm mit. »Hier ist ein ärztliches Attest.«

Diesmal explodierte er. Er sprang von seinem Stuhl auf und beschimpfte sie auf Griechisch. »Dann muß Mr. Madani alleine fliegen«, schrie er sie an. »Mrs. Madani kann bis zur Geburt des Kindes hierbleiben.«

»Es tut mir leid, daß sie die Sache so persönlich nehmen«, sagte Richard ruhig. »Ich schlage vor, daß sie den Fall an die Hauptstelle in Nikosia überweisen.«

Der Beamte schien erleichtert. Er warf ihnen die Akte entgegen, und sie fuhren mit dem Taxi nach Nikosia, wo sie sich sofort zum obersten Leiter der Einwanderungsbehörde begaben. Diesmal hatten sie außerdem einen zypriotischen Rechtsanwalt, einen Freund von Richard, dabei. Der Beamte studierte die Akte und schien Verständnis für ihren Fall zu haben. Er nahm den Telefonhörer auf und rief das Büro in Limassol an. »Mr. Kolombo«, sagte er zu ihrem alten Freund, »ich schicke Mr. Madani wieder zu Ihnen. Geben Sie ihm ein unbegrenztes Visum, bis seine Frau das Kind zur Welt gebracht hat.«

Mr. Kololombo muß einen Herzanfall erlitten haben, als er die Anweisung hörte, doch er konnte nichts dagegen unternehmen. Trotzdem gab er sich noch nicht ganz geschlagen und bestand darauf, erst müsse ein Attest von einem von der Regierung beauftragten Arzt vorliegen, was ihr Freund in der Klinik umgehend arrangierte. Endlich trugen ihre Pässe die langersehnten Stempel, und zum ersten Mal, seit sie auf Zypern angekommen waren, konnten Nabil und Renata frei durchatmen – vor ihnen lagen fünf Monate ohne Sorgen um eine Verlängerung der Visa! Das Damoklesschwert der Abschiebung hing nicht mehr drohend über ihren Köpfen, und das gab ihnen ein wunderbares Gefühl der Freiheit.

11

Limassol

Natürlich gab es noch andere Probleme. Ihre größte Sorge war, daß sie fast kein Geld mehr hatten. Zypern war ein recht teures Land. Sie mußten Miete zahlen, sich Haushaltsgegenstände anschaffen, und dann blieb kaum noch etwas für Lebensmittel übrig. Die Situation spitzte sich derart zu, daß sie kaum noch Brot oder Milch für Piotr kaufen konnten. Widerwillig begannen sie nachts die Strände nach leeren Flaschen abzusuchen, die die Touristen weggeworfen hatten: Colaflaschen, Bierflaschen und was sie sonst noch finden konnten. Ausgerüstet mit Plastiktüten machten sie sich jede Nacht auf und befreiten die Strände von dem Wohlstandsmüll, der ihnen das Überleben sichern konnte. Sie brachten die gesammelten Flaschen heim, wuschen sie aus und verkauften sie dann an eine Sammelstelle. Pro Flasche bekamen sie etwa drei Pfennig! Wenn es ihnen gelang, einhundert Flaschen zusammenzubekommen, dann reichte das Geld gerade für einen Laib Brot und etwas Milch.

Auch mit ihrer Gesundheit hatten sie Probleme, aber das Geld reichte nicht für eine ärztliche Behandlung. Piotr litt an Mangelernährung, Renata war schwanger und hätte besseres Essen sowie eine angemessene medizinische Betreuung nötig gehabt. Und Nabil hatte einen schlimmen Zahn, mit dem er sich so sehr herumquälte, daß er ihn schließlich selbst herauszog – die Operation war sehr schmerzhaft und zog eine langwierige Wurzelinfektion nach sich.

In dieser schwierigen Zeit hielt Renata treu zu Nabil. Sie hätte ihn verlassen und mit Piotr zurück nach Polen fliegen können, doch sie dachte nicht einmal daran. Auch wenn sie seinen Glauben nicht teilen konnte und all das bürokratische Wirrwarr nicht verstand, hielt sie es doch für ihre Pflicht, komme, was da wolle, zu ihrem Ehemann zu stehen. Das berührte ihn tief.

Während ihrer ersten Monate in Limassol hatten Richard und Edward sie in eine Gruppe gläubiger Christen eingeführt, die sich regelmäßig in verschiedenen Häusern trafen, um gemeinsam zu beten und in der Bibel zu lesen. Nabil ging gerne dorthin, doch Renata weigerte sich. Sie hielt immer noch am Katholizismus fest und bat Nabil, eine katholische Kirche zu suchen, wo sie in die Messe gehen könne. Also ging er durch die Straßen von Limassol und schaute in all die griechisch-orthodoxen Kirchen, bis er schließlich eine kleine katholische Kirche ausmachte. Renata war damit zufrieden und nahm dort regelmäßig an den Messen und anderen Veranstaltungen teil.

Es gab auch Streit und Uneinigkeiten zwischen ihnen, was nicht zuletzt an dem enormen Existenzdruck lag, der auf ihnen lastete. Einige Male schien der Gedanke an eine Scheidung als einfacher Ausweg aus ihrer Misere in der Luft zu hängen, doch durch Gottes Gnade konnten sie sich immer wieder zusammenraufen und gemeinsam weiterkämpfen. Nabil fand in seinen Gebetszeiten zur Ruhe, wenn er still mit seinem himmlischen Vater reden und seine Gegenwart spüren konnte. Das Gebet wurde für ihn zum Rettungsanker, als sich alle materiellen Sicherheiten aufzulösen begannen, und er merkte, wie sehr er in allen Bereichen von Gott abhängig war. Immer wieder erlebte er, daß Gott Gebete erhörte. Und diese Erfahrungen stärkten seinen Glauben und halfen ihm in seinem geistlichen Wachstum voran.

Seine Freunde in der kleinen christlichen Gemeinschaft waren ebenfalls sehr hilfsbereit – doch Nabil war zu stolz, ihnen die Wahrheit über ihre finanzielle Situation zu sagen. Er konnte nicht betteln! Er war in einer sehr wohlhabenden Familie aufgewachsen, niemals hatte er Dinge von der Straße aufsammeln oder einen Freund um materielle Hilfe bitten müssen. Er wußte nicht, wie er mit dieser neuen Situation zurechtkommen sollte, doch Gott lehrte ihn dadurch eine wichtige Lektion zum Thema Demut.

Renata war da anders. Sie war in einem kommunistischen System großgeworden, wo es nichts im Überfluß gab, und so hatte sie schon als Kind gelernt, aus jeder Kartoffelschale das Beste zu machen. Sie konnte auf dem Markt die günstigsten Preise aushandeln, und es machte ihr nichts aus, nützliche Dinge aus den Mülltonnen der Reichen herauszuholen. Auf diesem Weg fand sie sogar einige Spielsachen für Piotr, die noch in gutem Zustand waren.

Eines Tages rief Edward, ihr guter Freund aus der Gemeinschaft, bei ihnen an.

»Ist alles in Ordnung, Nabil?« fragte er. »Brauchst du irgendetwas?«

»Nein, nein«, sagte Nabil, der zu stolz war, ihre Not zuzugeben. »Uns geht es gut.«

Renata brach in Tränen aus. »Er lügt«, fuhr sie Nabil ins Wort und schilderte Edward ihre wirkliche Situation.

Edward war überrascht. »Nabil«, sagte er, »das ist nicht richtig. So verhält sich kein gläubiger Christ. Du darfst nicht zu stolz sein, die Hilfe anderer anzunehmen.« Da er selbst Libanese war, konnte er Nabils Verhalten in gewissem Maße verstehen, doch seine westlichen Freunde konnten das nicht. Von diesem Tag an traten sie immer wieder an Renata heran und boten ihre Hilfe an. Die Situation der Madanis besserte sich merklich.

Edward war ihnen ein guter Freund. Nabil besuchte ihn sehr oft abends, wenn er von der Arbeit heimgekommen war. Sie saßen dann auf dem Dach von Edwards Haus und sprachen über die Bibel oder beteten zusammen. Nabil hatte Hunderte von Fragen über seinen neuen Glauben an Jesus, und Edward beantwortete sie geduldig, so gut er es konnte. Durch diese ruhigen Gespräche mit seinem Freund wuchs Nabils Verständnis der Bibel enorm.

Edward besorgte ihnen auch einen Fernseher und schlug vor, sie sollten Middle East Television aus Libanon schauen, einen christlichen Sender, der in arabischer Sprache sendete. Nabil sog die täglichen Sendungen förmlich auf. Nach jeder Predigt forderte der Prediger die Zuschauer dazu auf, mit ihm zu beten, und Nabil kniete sich vor dem Sofa in ihrem Wohnzimmer hin und stimmte in die Gebetszeit mit ein. Das war eine weitere Quelle der Ermutigung und der Lehre in dieser schwierigen Zeit.

In der Gemeinschaft beteten viele dafür, daß auch Renata zu einem persönlichen Glauben an Jesus finden möge. Während der ersten Monate in Limassol ging sie nicht einmal in die Nähe dieser Versammlung. Sie bestand darauf, Piotr zu einem guten Katholiken zu erziehen. Manchmal verbot sie Nabil sogar, zu Hause seine Bibel zu lesen. Andererseits bemerkte sie aber auch seine Bereitschaft, für seinen Glauben zu leiden. Eines Tages sagte sie zu ihm: »Das ist doch alles dummes Zeug! Warum mußt du denn unbedingt leiden? Wende dich doch einfach wieder dem Islam zu, geh zurück nach Syrien und führe dort ein ganz normales Leben, schließlich kann das hier doch nicht ewig so weitergehen!«

An einem anderen Abend überraschte sie Nabil mit der Bitte, sie zum Treffen der Gemeinschaft mitzunehmen. »Roberta, Edwards Frau, hat mich eingeladen«, erklärte sie, »ich werde nur dabeisitzen und mit euch Kaffee trinken, aber erwarte nicht, daß ich teilnehme!« Während des ganzen Bibelgesprächs saß sie da und hörte aufmerksam allem zu, was gesagt wurde. Auch zu den folgenden zwei Treffen ging sie mit, und nach dem letzten bat sie Edward, mit ihm sprechen zu dürfen. Sie standen in der Küche, und Renata erzählte ihm unter Tränen, daß sie nun auch so glauben wolle wie Nabil. Was solle sie tun? Wie solle sie es angehen? Er versicherte ihr, daß sie überhaupt nichts tun müsse, sie brauche nur an Jesus zu glauben und an das, was er für sie getan habe. Es gebe kein Ritual und keine Zeremonie. Edward betete mit ihr, und freudig nahm sie Jesus in ihr Leben auf.

Als sie an diesem Abend wieder in ihrer Wohnung waren, weinte sie viel und bat Nabil um Verzeihung für ihre frühere Einstellung seinem Glauben gegenüber. Die Veränderung war enorm, und es war wunderbar, als Ehepaar nun auch in ihrer Beziehung zu Gott vereint zu sein. Renata begann regelmäßig zu den Bibelgesprächsabenden der Gemeinschaft zu gehen, zu beten und auch für sich alleine die Bibel zu lesen. Ihre Bekehrung stellte in den Schwierigkeiten, die ihnen noch bevorstanden, eine große Ermutigung dar.

Richard vermittelte Nabil an eine Firma, die einen arabischen Lektor suchte, um ihre wissenschaftlichen Veröffentlichungen durchzusehen, die vom Arabischen ins Englische übersetzt worden waren. Sie überließen Nabil einen Textverarbeitungscomputer und erlaubten ihm, die Arbeit für sie in seiner Wohnung zu erledigen. Tagsüber half Nabil Renata bei der Hausarbeit, und nachts arbeitete er an den Manuskripten. Man war mit seiner Arbeit sehr zufrieden und bezahlte ihn heimlich. Die Firma entschloß sich dann, ihn offiziell anzustellen, also beantragte man beim zypriotischen Innenministerium eine Arbeitserlaubnis für Nabil. Sie wurde abgelehnt. Ein Rechtsanwalt wurde mit dem Fall betraut, der damit bis in die höchste Instanz ging, doch auch hier scheiterten sie. Als Begründung wurde angeführt, daß die Madanis bei ihrer Ankunft auf Zypern politisches Asyl beantragt hatten (was auf den Vorschlag des zypriotischen Konsuls in Damaskus hin geschehen war). Das war offensichtlich ein Fehler gewesen, und nun benutzten die Behörden es als Ausrede, ihnen Aufenthalts- und Arbeitserlaubnis für Zypern zu verweigern.

Es gab auf Zypern viele arabische Flüchtlinge – überwiegend Libanesen und Palästinenser. Keiner von ihnen schien Probleme mit seinem Status zu haben oder damit, auf Zypern Geld zu verdienen, doch aus irgendeinem Grund weigerten sich die Behörden standhaft, die Madanis aufzunehmen. Offensichtlich hatte man Angst vor negativen Auswirkungen auf die Beziehung zur syrischen Regierung.

In den folgenden Monaten versuchte Nabil bei allen westlichen Botschaften auf Zypern eine offene Tür zu finden, die es ihnen ermöglichen würde, in die USA, nach Kanada, Australien oder nach Deutschland auszuwandern. Überall sagte man ihm, er könne gerne den Antrag stellen, doch müsse dieser erst zur Prüfung direkt in das jeweilige Land geschickt werden, und das sei ein zeitaufwendiger Vorgang. Sollten die zypriotischen Behörden ihn auffordern, das Land zu verlassen, könne ihm niemand helfen. Die Madanis füllten unzählige Antragsformulare aus, doch es kam nichts dabei heraus. Syrer waren zu dieser Zeit wegen möglicher Verbindungen zum Terrorismus in keinem westlichen Land willkommen. Ihre Lage schien hoffnungslos.

In der Gemeinschaft wurden Nabil Grant und Edith vorgestellt, die auf Zypern für eine christliche Organisation arbeiteten. Nabil mochte die beiden sofort – irgendetwas war an ihnen anders; und sie schienen sehr bewegt, als sie von seiner schwierigen Situation hörten. Grant versprach, sich mit seiner Organisation, die in vielen westlichen Ländern ihre Zweigstellen hatte, in Verbindung zu setzen, um feststellen zu lassen, ob nicht in einem der Länderbüros ein ausgebildeter Buchhalter gesucht werde – auf diesem Weg könne man vielleicht ein Visum für die Madanis bekommen. Eine andere Möglichkeit bestehe darin, sie als Teilnehmer in dem einjährigen Trainingsprogramm der Organisation unterzubringen. Einige westliche Regierungen erkannten dieses Programm als ausreichenden Grund an, Trainees aus nicht-europäischen Ländern Visa auszustellen.

Einige Wochen später erfuhr Grant von seinem Büro in England, daß sie dort einen Buchhalter brauchten und Nabil und seine Familie gerne als Teilnehmer in ihrem Ein-Jahres-Programm in England aufnehmen würden. Die Madanis müßten das entsprechende Visum auf Zypern beantragen, während das Büro in England dem britischen Innenministerium ihre Teilnahme an diesem anerkannten Programm bestätige.

Wieder gingen Nabil, Renata und Piotr in Begleitung von Richard zur britischen Botschaft, diesmal jedoch mit einem Funken Hoffnung. Vielleicht würde dies die Antwort auf ihre Gebete sein, die Tür, die sich schließlich doch noch für sie auftat! Der britische Konsul war sehr freundlich. Zuerst sprach er eine halbe Stunde lang mit Renata allein, obwohl ihr Englisch noch sehr dürftig war. Dann wandte er sich Nabil zu:

»Wie Sie wissen, bestehen keinerlei diplomatische Beziehungen zwischen unseren Staaten.« (Nicht lange vorher hatte ein gewisser Hindawi im Auftrag des syrischen Geheimdienstes versucht, in England ein Passagierflugzeug in die Luft zu sprengen, woraufhin Großbritannien die diplomatischen Beziehungen zu Syrien abgebrochen hatte.) »Ich würde Ihnen daher den Rat geben, nach

Damaskus zu gehen und den Antrag von dort aus zu stellen. Wie lange sind Sie schon auf Zypern?«

»Elf Monate«, antwortete Nabil.

»Oh, dann müssen Sie also Ihren offiziellen Wohnsitz hier haben«, sagte der Konsul, ohne daß er einen Blick auf ihre Papiere geworfen hätte. »Gut, ich will versuchen, Ihnen zu helfen. Ich schicke Ihren Antrag nach London, und dann müssen wir auf die Entscheidung von dort warten. Wenn sie irgendwelche Freunde in England hätten, die Ihren Antrag unterstützen würden, könnte das sehr hilfreich sein.«

Voller Hoffnungen verließen sie die Botschaft. Hätte der Konsul ihre Pässe überprüft, hätte er festgestellt, daß sie nur begrenzte Touristenvisa für Zypern hatten. Gott mußte ihn blind gemacht haben! Grant versprach, sein Büro in England anzuweisen, an das Innenministerium zu schreiben und alle notwendigen Papiere für sie auszufüllen.

Die Wochen verstrichen, und sie warteten auf Antwort. Schließlich kam ihr zweiter Sohn durch einen Kaiserschnitt auf die Welt. Er war ein gesunder Junge, und sie nannten ihn Mark. Sie waren dankbar, daß es Mutter und Kind gutging und daß es keine weiteren Komplikationen gegeben hatte.

Zwei Wochen nach der Geburt standen zwei Polizisten mit einem Schreiben von der Einwanderungsbehörde in Nikosia vor ihrer Wohnungstür. Ihre Zeit auf Zypern war abgelaufen, und sie wurden angewiesen, das Land innerhalb von achtundvierzig Stunden zu verlassen, oder sie würden verhaftet und abgeschoben werden.

Die Situation schien aussichtslos. Hatte Gott sie so weit gebracht, um sie nun einfach wieder zurückzuschicken? Was sollten sie tun? Diesmal hatten ihre Freunde Richard und Grant keine Antworten. Gemeinsam versuchten sie noch bei verschiedenen Botschaften, Einreisevisa für die Madanis zu bekommen, doch überall sagte man ihnen das gleiche: Für einen Syrer dauere die Bearbeitung eines Visum-Antrags sechs Monate.

In seiner Verzweiflung schlug Richard vor: »Komm, Nabil, wir versuchen es noch bei der griechischen Botschaft.«

Sie beeilten sich, dorthin zu kommen, denn es war Freitagnachmittag und man war gerade dabei, die Botschaft übers Wochenende zu schließen. Richard verlangte in seiner forschen amerikanischen Art die Konsulin zu sehen und eingelassen zu werden. Er erzählte ihr die Geschichte der Madanis und bat sie, ihnen Touristenvisa für Griechenland auszustellen.

»Als Syrer müssen Sie einen schriftlichen Antrag stellen und warten, bis er bearbeitet ist«, sagte sie. Sie zögerte einen Augenblick und fragte, ob sie die erforderlichen Fotos und die Gebühr bei sich hätten. Dann stempelte sie ihre Pässe ab und gab ihnen 30-Tage-Touristenvisa für Griechenland. Als sie Nabil die Pässe zurückgab, sagte sie: »Mr. Madani, ich weiß absolut nichts über Sie. Dies ist das erste Mal, daß ich ein Visum ohne vorherige Rücksprache mit Athen ausgestellt habe.«

»Vielen Dank«, sagte Nabil, »wir werden Sie nicht enttäuschen.«

Es war ein Wunder! Nun konnten sie offiziell nach Griechenland ausreisen. So schnell sie konnten, fuhren sie heim und packten alles zusammen, was sie auf die Fähre mitnehmen konnten. Richard fuhr sie zum Hafen von Limassol, und sie bestiegen das Schiff, das bald danach in Richtung Griechenland auslief.

Es war Ende Mai 1989, und die extreme Hitze machte ihnen sehr zu schaffen. Sie alle waren erschöpft von der Anspannung und der Hektik. Das Baby war keine drei

Wochen alt, und Renata war noch sehr schwach und müde. Auch Geld hatten sie kaum noch, nachdem sie die Überfahrt hatten zahlen müssen. Doch zumindest hatten sie noch eine Chance bekommen.

12

Licht am Ende des Tunnels

Die Überfahrt auf der Fähre verlief recht ereignislos. Sie saßen an Deck und schauten den Wellen zu. Lebensmittel konnten sie sich nicht kaufen, da sie das wenige Geld, das sie noch hatten, für die unsichere Zeit, die vor ihnen lag, aufsparen wollten. Renata stillte das Baby und füllte heimlich ein wenig von der Muttermilch in eine Flasche, fügte Zucker und Wasser hinzu und gab Piotr die Mischung zu trinken, der darüber glücklich war, aber nicht bemerkt hatte, woher diese Milch kam. Nabil versuchte Piotr in guter Laune zu halten. Er spielte mit ihm und schaute sich mit ihm das Schiff an, damit Renata mehr Zeit für das Baby hatte. Während der zwei Tage dauernden Überfahrt hatten weder Nabil noch Renata irgendetwas zu essen. Schließlich kamen sie völlig erschöpft in Piräus an.

Grant hatte Linda, eine englische Christin, gebeten, am Hafen auf sie zu warten. Linda war jedoch geschäftlich unterwegs und hatte daher einen amerikanischen Freund, der keine Ahnung hatte von ihrer Situation, geschickt, um sie abzuholen. Er half ihnen, ihr Gepäck in seinen Wagen zu laden und fragte dann: »In welches Hotel soll ich euch bringen?«

»Um ehrlich zu sein, wir können uns kein Hotel leisten«, sagte Nabil. »Wir müssen unbedingt Linda finden, da sie unser einziger Kontakt hier ist.«

Der Amerikaner bot ihnen an, die erste Nacht im Hotel für sie zu bezahlen, doch Nabil lehnte ab. Dann fiel dem Mann ein, daß es in dem Gasthaus, das er führte, noch einen freien Geräteraum gab, den sie erst einmal benutzen könnten. Dankbar nahmen sie das Angebot an, und er fuhr sie dorthin. Es war ein kleiner, kahler Raum mit nichts als zwei Bettgestellen aus Metall darin. Zwei Tage lang blieben sie dort und warteten auf Linda. Sonst gab es nichts zu tun. Sie sahen sich die Nachbarschaft an, saßen, redeten, warteten. Schließlich kam Linda doch noch und sorgte dafür, daß sie ein besseres Zimmer in dem Gasthaus bekamen.

Linda hatte von Grant gehört, daß, kurz nachdem sie die Fähre bestiegen hatten, die Nachricht von der britischen Botschaft gekommen war, die Visa seien eingetroffen. Grant war sofort zur Botschaft geeilt, um zu versuchen, die Visa nach Athen weiterleiten zu lassen, doch das war nicht möglich gewesen. Sie mußten nach London zurückgeschickt und dort erneut geprüft werden, erst dann konnte man sie nach Griechenland weiterleiten. Der Konsul hatte sich gefragt, warum die Madanis vor Eintreffen der Visa Zypern verlassen hatten.

»Wurden sie abgeschoben?« hatte er Grant mißtrauisch gefragt.

»Nein«, hatte Grant wahrheitsgemäß geantwortet, »sie sind aus eigenem Antrieb gegangen.«

Grant setzte sich mit seinem britischen Heimatbüro in Verbindung und bat darum, sie mögen sich bei den Behörden dafür einsetzen, daß die Visa so bald wie möglich nach Athen geschickt werden.

Diese Tage waren für Nabil und Renata äußerst aufreibend. Sie hatten fast nichts zu essen. Niemand hier wußte von ihrer Zwangslage, und neidisch mußten sie zusehen, wie das Personal des Gasthauses seine drei gefräßigen Hunde mit dem teuersten importierten Dosenfutter verwöhnte. In einem angrenzenden Zimmer wohnte eine Kanadierin, die Piotr hin und wieder ein paar Kekse zusteckte, doch ansonsten ernährten sie sich einzig von Brot und Wasser.

Jeden Morgen fuhr Nabil mit dem Bus zur britischen Botschaft im Zentrum von Athen, um auf die ersehnten Visa zu warten. Als man bei seinem ersten Besuch festgestellt hatte, daß er ein Syrer war, war er in einem gesonderten Zimmer einer intensiven Sicherheitsüberprüfung unterzogen worden. Die Briten hatten immer noch Angst vor terroristischen Anschlägen und wollten kein Risiko eingehen. Es war demütigend gewesen, für diese Prozedur aus der Menge ausgesondert zu werden, durch einen Metalldetektor gehen zu müssen, gefolgt von einer Leibesvisitation und endlosen Befragungen. Bald jedoch lernte man ihn besser kennen, da er jeden Morgen kam und geduldig auf ein Lebenszeichen aus London wartete.

Die ersten dreißig Tage in Griechenland vergingen, und noch immer waren die Visa nicht gekommen. Würden die Behörden ihnen eine Verlängerung gewähren? Was, wenn sie abgeschoben wurden, bevor die Visa eintrafen? Wieder machten die Madanis die schreckliche Erfahrung, völlig hilflos zu sein. Sie fühlten sich wie Bauern auf dem Schachbrett der allmächtigen Bürokratie. Sie hatten auch nicht die geringste Möglichkeit, auf ihre Umstände einzuwirken, und wieder mußten sie sich voll und ganz auf Gottes Gnade verlassen und ihn um Hilfe bitten. Sie spürten hier noch mehr als in Zypern, daß Gott ihre Gebete gehört hatte, und waren getröstet.

Linda war so hilfsbereit, sie zur griechischen Einwanderungsbehörde zu begleiten. Sie kannte die Leute dort, da sie mit ihren eigenen Visa schon oft genug dort gewesen war. Nun bat sie die Beamten, den Madanis in ihrer verzwickten Situation zu helfen.

»Schauen Sie, Linda«, sagte der zuständige Beamte, »ich respektiere Sie und die Arbeit, die Sie hier in Griechenland tun, aber das Gesetz verbietet es, Touristenvisa zu verlängern. Sie müssen das Land verlassen und können dann zurückkommen und neue Visa beantragen.«

Linda sprach eine Weile mit ihm und erklärte ihm, wie arm sie waren und daß sie kein Geld für Tickets hatten. Schließlich gab er nach.

»Mehr als zehn Tage kann ich ihnen nicht geben«, sagte er, »und ich tue das auch nur, weil ich weiß, daß sie auf Visa für Großbritannien warten. Ich hoffe, sie kommen innerhalb dieser zehn Tage – wenn nicht, dann kommen Sie nicht zurück, um eine Verlängerung zu erbitten. Mehr kann ich nicht für sie tun.«

Sie dankten ihm überschwenglich und kehrten wieder in ihr einfaches Zimmer zurück. Nabil nahm seine gewohnte Routine wieder auf: Er fuhr jeden Morgen zur britischen Botschaft, um dort zu sein, wenn sie um neun Uhr die Türen öffneten, und wartete geduldig, bis sie sie um ein Uhr wieder schlossen.

»Es tut mir leid, Mr. Madani, heute war nichts für Sie dabei, vielleicht morgen«, sagten die Botschaftsangestellten dann zu ihm, bevor sie Türen hinter ihm abschlossen.

Viel zu schnell gingen auch diese zehn Tage vorüber. Der letzte Tag war ein Freitag. An diesem Morgen sagte Nabil zu Renata, bevor er ging: »Renata, heute ist unsere letzte Chance. Wenn die Visa heute nicht kommen, mußt du die Jungen nehmen und nach Polen zurückfliegen. Mich werden sie wahrscheinlich nach Syrien abschieben – wer weiß, was mich dort erwartet? Wenn ich am Leben bleibe, werde ich irgendwie mit dir Kontakt aufnehmen.«

Sie weinten Arm in Arm, dann ging Nabil zur Bushaltestelle.

In der Botschaft saß er wieder da und wartete. Linda hatte versprochen, ihn dort gegen Mittag zu treffen, bevor die Botschaft übers Wochenende schloß.

Kurz vor ein Uhr kam der Konsul aus seinem Zimmer und sagte:

»Es tut mir leid, Mr. Madani, aber bis jetzt ist nichts für Sie eingetroffen. Ich wünsche Ihnen ein angenehmes Wochenende. Vielleicht wird es nächste Woche besser.«

Er hatte keine Ahnung, daß heute ihr letzter Tag war.

Nabil saß da wie zu Stein erstarrt. Im Schock legte er seine Mappe auf den Tisch und begann offen zu weinen. Dem Konsul war die Situation peinlich. Dann sagte er:

»Einen Moment noch, ich höre das Telex nebenan. Ich werde mal nachsehen.«

Er ging hinaus und kam wenige Augenblicke später zurück. In der Hand hielt er ein Blatt Papier.

»Mr. Madani«, sagte er, »wie schreiben Sie sich?« Nabil buchstabierte ihm seinen Namen.

»Haben sie alle erforderlichen Unterlagen dabei?« fragte der Konsul.

Nabil nickte, aber er brachte kein Wort heraus. Er hatte in diesen wenigen Augenblicken zu viele extreme Stimmungsumschwünge erlebt, und ohnmächtig sank er zu Boden.

Der Konsul war sehr hilfsbereit. Er half ihm in einen Stuhl, holte etwas Wasser und sagte:

»Machen Sie sich keine Sorgen, ich erledige das schon für Sie.«

Er öffnete Nabils Aktentasche und sah die Papiere durch. Er fand schließlich die Fotos, das Geld für die Gebühren und die anderen Unterlagen, die er brauchte.

»Nun, Mr. Madani«, fragte er, »wer wird Sie am Flughafen in London abholen?«

Nabil konnte nichts sagen, sein Kopf war absolut leer. Glücklicherweise tauchte Linda in genau diesem Augenblick auf und hatte die Situation bald unter Kontrolle. Sie gab dem Konsul alle notwendigen Informationen über das

Programm, an dem die Madanis in England teilnehmen würden, und über die christliche Organisation, die es veranstaltete. Nabil gab sie eine kalte Cola, um ihn wiederzubeleben, und versicherte ihm, wie froh sie war, daß sich doch noch alles im letzten Augenblick geklärt habe.

»Sie können die Visa am Montag abholen«, sagte der Konsul.

Wieder kam Linda zu seiner Rettung und erklärte, daß dies die letzte Gelegenheit war, die Visa in Empfang zu nehmen, da ihr Touristenvisum an genau diesem Tag auslief. Da sie britische Staatsbürgerin war und zudem ein sehr selbstbewußtes Auftreten hatte, gab der Konsul nach.

»Gut, ich werde sie jetzt gleich fertigmachen, auch wenn es Freitagnachmittag ist.«

Es war zwar eine Verletzung des heiligen Wochenendes, aber er füllte freundlicherweise alle erforderlichen Formulare aus, drückte die Stempel in die Pässe und gab sie Nabil in die Hand.

»Ich habe Ihnen zwar die Visa ausgestellt, aber das ist immer noch keine Garantie«, sagte er. »Vergessen Sie nicht, daß immer noch keine diplomatischen Beziehungen zwischen London und Damaskus bestehen. Die Einwanderungsbehörden in Heathrow können Ihnen immer noch Schwierigkeiten bereiten. Viel Glück!«

Welch eine Erleichterung! Nabil hatte das Gefühl, auf Wolken zu gehen. Das war wieder ein Wunder. Gott hatte wieder im letzten Augenblick eingegriffen und die Dinge für sie geregelt. Nun waren sie tatsächlich im Besitz eines Ein-Jahres-Visums für Großbritannien – das war fast mehr, als er ertragen konnte nach all den Enttäuschungen der vergangenen Woche.

Sie kamen in das Gasthaus zurück, wo Renata auf ihrem Zimmer saß und ihn erwartungsvoll anschaute.

»Es tut mir leid, Renata, wieder keine Visa«, sagte Nabil.

Er konnte später selbst nicht mehr verstehen, wie er sich diesen üblen Scherz mit Renata hatte erlauben können, noch dazu in solch einer kritischen Zeit. Es muß die Aufregung und die Erschöpfung gewesen sein. Renata brach weinend zusammen, doch sofort stürmte Linda ins Zimmer, um sie zu trösten.

»Nein, nein, Renata, er macht nur Spaß. Ihr habt die Visa.«

Renata war außer sich vor Wut! Sie drehte sich um, und zum ersten Mal, seit sie verheiratet waren, schlug sie ihrem Mann ins Gesicht. Es schmerzte, und für einen Araber war der Schmerz doppelt so groß. Noch schlimmer war vielleicht die Demütigung, daß eine Frau es wagte, ihren Ehemann zu schlagen, was in seiner Kultur völlig undenkbar war. Doch er akzeptierte diese Ohrfeige reuig, da er wußte, daß er sie verdient hatte.

Sie beeilten sich, ins Stadtzentrum zu kommen, um ihre Flugtickets zu kaufen. Der frühestmögliche Flug ging erst am Montag, doch da sie die Visa für England bereits hatten, ließen die griechischen Behörden sie noch über das Wochenende in Athen bleiben.

Am Montagmorgen fuhr Linda sie zum Flughafen, und glücklich bestiegen sie die Maschine nach London. Renata war so froh und erleichtert, daß sie den gesamten Flug verschlief. Während Piotr spielte und Mark weinte, saß Nabil fast die ganzen drei Stunden, die der Flug dauerte, da und betete.

»O Gott, bring uns diesmal gut durch die Einwanderungsbehörden. Du hast uns sicherlich nicht so weit geholfen, um uns jetzt im Stich zu lassen.«

Das Flugzeug landete in Heathrow, und sie begaben sich in den Terminal, holten ihr Gepäck und gingen dann weiter zur Paßkontrolle.

»Mr. Madani«, sagte die Beamtin, »wie ich sehe, haben Sie Ihr Visum in Griechenland bekommen, warum nicht in Damaskus?«

Nabil versuchte ganz ruhig und gelassen zu bleiben, als er erklärte, er sei mit seiner Familie einige Monate lang in Zypern und Griechenland unterwegs gewesen. Das schien sie zufriedenzustellen.

»Sie nehmen an einem einjährigen christlichen Trainingsprogramm teil?« fuhr sie fort.

Nabil bejahte.

»Das ist interessant«, sagte sie, »wie kommt es dann, daß Sie Nabil Mohammed heißen?«

Nabil erklärte ruhig, daß er inzwischen Christ geworden sei.

»Was haben Sie nach Ablauf dieses Jahres vor?« wollte sie wissen.

»Tut mir leid, aber ich weiß es wirklich nicht«, gab Nabil zurück.

»Entschuldigen Sie mich, ich muß das an den leitenden Beamten weitergeben«, sagte sie und verschwand.

Nabil merkte, wie seine Knie weich wurden. »Das war's, Renata«, sagte er, »wir sind erledigt.«

Nach kurzer Zeit kam die Beamtin lächelnd zurück. »Ich habe da ein kleines Problem«, sagte sie, »Sie sind Syrer, und Ihre Frau ist Polin. Das ist ein wenig ungewöhnlich. Ich bin mir nicht sicher, welchen Stempel ich in solch einem Fall benutzen muß.«

»Nehmen Sie, welchen Sie wollen«, sagte Nabil mit einem Seufzer der Erleichterung.

»So, das war's schon«, sagte sie und überreichte ihnen ihre Pässe. »Wir werden uns später mit Ihnen in Verbindung setzen. Willkommen in Großbritannien!«

Gott hatte ihre Gebete erhört! Nabil konnte kaum glauben, daß das alles passierte, als sie ohne weitere

Schwierigkeiten zum Ausgang kamen, wo ein Mitglied der Organisation bereits auf sie wartete, um sie in einem Kleinbus nach London zu fahren. Sie wurden in einem kleinen Häuschen untergebracht und konnten sich endlich entspannen und frei atmen. Ein ganzes Jahr der Sicherheit lag vor ihnen, ohne die Sorge um Verlängerung der Visa, ohne Angst vor Abschiebung.

Eine Woche, nachdem sie in London angekommen waren, begann Nabil seine Arbeit als Buchhalter bei der christlichen Organisation. In vielem mußte er sich völlig umgewöhnen. Vor allem hatte er Buchführung bisher nur auf Arabisch gemacht. Nun mußte er die entsprechenden englischen Fachbegriffe lernen. Seine Mitarbeiter und Vorgesetzten waren jedoch sehr freundlich und halfen ihm, wo immer sie es konnten.

Für Renata gestaltete sich die Eingewöhnung weitaus schwieriger, da sie zu Hause für die Kinder sorgen mußte, solange Nabil bei der Arbeit war. Sie kannte niemanden in der Nachbarschaft, und ihr Englisch war immer noch sehr dürftig, so daß sie außer den Kindern keine Gesellschaft hatte, bis Nabil am Abend heimkam. Sie war sehr frustriert, da sie abends gerne ausgegangen wäre, um einmal etwas anderes zu sehen, während er von seinem langen Tag im Büro erschöpft war. In gewisser Hinsicht war dieses Jahr das schwierigste in ihrer ganzen Ehe, da sie sich auf der einen Seite wieder an ein »normales« Leben gewöhnen, andererseits aber auch lernen mußten, sich in einer neuen Sprache und Kultur zurechtzufinden. Obwohl sie mit den Christen an Nabils Arbeitsplatz und in der Gemeinde, die sie besuchten, gut zurechtkamen, gab es doch keine richtige Familie, mit denen sie hätten über ihre Gefühle sprechen und an deren Schultern sie sich hätten ausweinen können. Mit all dem Neuen um sie herum mußten sie ganz alleine fertigwerden, was manchmal katastrophale Auswirkungen hatte.

Sie schrieben sich beide in Englischkurse ein, um sich besser verständigen zu können. Was sie nach den angespannten Monaten in Zypern und Griechenland am meisten genossen, war das Gefühl der Sicherheit. Auf den Ämtern waren die Menschen viel zuvorkommender und gelassener – selbst im Innenministerium. Man konnte seine Angelegenheiten mit einem einfachen Brief erledigen, ohne sich mit den Beamten herumstreiten zu müssen, und brauchte nicht mehr verzweifelt von einer Behörde in die andere hasten. Hier wurde man wie ein Mensch behandelt – ganz anders als im Nahen Osten, wo die Beamten sich für kleine Götter hielten, die glaubten, die normalen Bürger wie ein Stück Dreck behandeln zu können. Es war wie der Vorgeschmack vom Paradies!

Natürlich blieb in England auch ein gewisser Kulturschock nicht aus. Nach der Geselligkeit der Menschen im Nahen Osten und in Polen, schienen die Briten so unkommunikativ, zurückgezogen und steif. Man redete nicht über persönliche Probleme, schaute nicht einfach mal so bei jemandem auf ein gemütliches Gespräch bei einer Tasse Tee herein – und niemand besuchte sie. Es dauerte eine ganze Weile, bis sie feststellten, daß die Menschen durchaus an ihnen interessiert waren, auch wenn sie es nicht in Worten ausdrückten. In Syrien war es für Nabil normal gewesen, daß immer irgendein spontaner Besucher vor der Tür stand, oder daß man selbst sich aufmachte, um Freunde oder Verwandte zu besuchen. Dort hatte man immer Menschen um sich herum, man war nie allein, redete über dieses und jenes oder tauschte die neusten Klatschgeschichten aus. In London lernten sie, Tag für Tag alleine in ihren vier Wänden zu sitzen, zu wissen, daß niemand sie spontan besuchen würde und trotzdem auf das Wunder zu hoffen, daß doch plötzlich jemand vor der Tür steht. Sie waren so einsam, daß es ihnen schwerfiel, sich an dieses neue Leben zu gewöhnen.

Später wurden die Büros der Organisation in eine kleinere Stadt im Nordwesten Englands verlegt, und die Madanis zogen ebenfalls dorthin. Hier gelang es ihnen nach und nach, einen normalen Lebensstil zu entwickeln, denn es gab auch eine Gemeinde, in der man sie freudig aufnahm und ihnen half. Zum ersten Mal in ihrer Ehe hatten sie ein richtiges Zuhause, einen festen Arbeitsplatz und eine Gemeinde, in der sie sich wohlfühlten und die Menschen auf einer persönlicheren Ebene kennenlernen konnten. Sie genossen dieses Gefühl von Stabilität.

Ein weiterer Anlaß zur Freude war der Zusammenbruch des Kommunismus in Osteuropa. Nun war es einfacher für Renatas Mutter, Nabil und Renata und ihre Enkelkinder in England zu besuchen.

Natürlich bestand immer noch das alljährliche Problem mit den Visa. Würde man ihnen erlauben, ein weiteres Jahr in England zu bleiben? Wie lange würden sie noch bleiben können? Was geschah, wenn...?

Nach Ablauf ihres ersten Jahres verlängerte das Innenministerium ihre Aufenthaltserlaubnis um ein weiteres Jahr. Das zweite Jahr verstrich, und wieder regten sich Befürchtungen und Zweifel. Der Pastor ihrer Gemeinde schlug schließlich vor, sie sollten politisches Asyl in Großbritannien beantragen. Er kannte den Parlamentsabgeordneten ihres Wahlkreises und vereinbarte ein Gespräch mit ihm. Der Abgeordnete zeigte sich von ihrer Geschichte sehr beeindruckt und versprach zu helfen, so gut er konnte. Er schrieb für sie an das Innenministerium, und bald bekamen die Madanis von dort eine Menge Formulare zum Ausfüllen zugeschickt. Im April 1991 schickten sie die ausgefüllten Formulare als ihren offiziellen Antrag auf Asyl zurück. Heute warten sie immer noch auf die endgültige Entscheidung über ihren Antrag und vertrauen darauf, daß Gott am Ende ihre Gebete erhören und ihnen das Recht geben wird, auf Dauer in ihrer Adoptivheimat zu leben, wo sie schon begonnen haben, Wurzeln zu schlagen. Sie können sich nicht vorstellen, noch einmal entwurzelt zu werden, und noch immer ist es für sie nicht leicht, mit dieser ständigen Unsicherheit zu leben, bis über ihren Fall entschieden sein wird.

Eine Lektion haben sie jedoch durch ihre gemeinsame Odyssee gelernt: Sie können sich fest darauf verlassen, daß Gott ihre Gebete hört und in allen Bereichen für sie sorgt. Viele Male ist ihr Glaube auf die Probe gestellt worden in dem Auf und Ab ihrer Suche nach Asyl. Es gab Zeiten, da der zusätzliche Druck fast unerträglich schien, und doch hat Gott immer eingegriffen und sie mit allem Nötigen versorgt. Ihre letzte Sicherheit haben sie nun in ihm gefunden, nicht in guten Beziehungen zu irgendwelchen hochgestellten Beamten. Durch den Glauben an Jesus Christus haben sie einen persönlichen Gott kennengelernt, zu dem sie eine direkte Beziehung haben können, einen liebevollen Vater, der sich auch in den ganz alltäglichen Dingen dieser Welt um seine Kinder kümmert. Natürlich war nicht alles immer nur rosig und angenehm – es gab Kämpfe und Versagen, doch sie können bezeugen, daß sich der Glaube und daß sich das Gebet lohnt, daß Gott in ihnen und für sie wirkt.

Vor allem wissen sie, daß in Christus ihre Sünden vergeben sind und daß ihnen ihr Platz im Paradies sicher ist. Sie haben Frieden mit Gott und Frieden mit sich selbst. Das ist ihre wahre Sicherheit, und die Probleme dieses Lebens werden verschwindend klein, wenn man sie damit vergleicht.

Vom unbekannten Gott des Islam und dem fernen Gott des Katholizismus haben sie zu Christus als ihren persönlichen Retter und Herrn gefunden, und durch ihn konnten sie eine tiefe Beziehung zu Gott entwickeln. Das ist ihr wertvollster Besitz. Für nichts auf der Welt würden sie in ihre früheren religiösen Systeme zurückkehren. Sie sind aus den Schatten in das Licht der Realität gekommen, von gesetzlichen Ritualen hin zur wahren inneren Substanz, vom sich Mühen um sich die Anerkennung eines scheinbar launischen Gottes hin zum Leben »in Christus« – beschirmt durch sein Blut und seine Gerechtigkeit, erfüllt vom Heiligen Geist.

Mit dem Apostel Paulus können sie nun sagen: »Ich vergesse, was dahinten ist, und strecke mich aus nach dem, was da vorne ist, und jage nach dem vorgesteckten Ziel, der himmlischen Berufung Gottes in Christus Jesus« (Philipper 3, 13.14).

Nabil und Renata glauben fest an die Macht des Gebets. Ihr größter Wunsch ist eine Versöhnung mit der Familie in Syrien. Regelmäßig und leidenschaftlich beten sie dafür und sind sich sicher, daß Gott, der sie so weit geführt hat, sich auch um Nabils Familie kümmern wird. Gern würden sie nach Syrien zurückkehren und dort leben, falls irgend möglich. Nabil sehnt sich nach seinem Land und den Menschen dort, denn ihm sind die vielen Dinge bewußt, die die nahöstliche Kultur dem Westen voraushat. Noch immer fühlt er sich als loyaler syrischer Araber, der stolz ist auf seine Geschichte und seine Zivilisation. Der Glaube an Christus hat die Liebe zu seiner Nation nur noch vergrößert. Schließlich ist Jesus ja in einer nahöstlichen Gesellschaft geboren und aufgewachsen, so daß es für die Menschen aus dem Nahen Osten viel einfacher ist, seine Gleichnisse und Geschichten, seine Lehre zu verstehen. Nabil ist sich ganz sicher, daß Gott noch vielen Menschen in diesem Teil der Welt die Augen für dieselbe Wahrheit öffnen wird, wie er sie durch Gottes Gnade kennenlernen durfte.

In Nabils und Renatas Herzen ist keine Bitterheit gegen irgendeinen Menschen zurückgeblieben, nur Liebe und Vergebung, die Christus selbst in ihre Herzen pflanzt, denn sie versuchen seinem alles überragenden Beispiel zu folgen auf der schmalen Straße, die zum ewigen Leben führt.

Nachwort

Bei der Drucklegung der deutschen Übersetzung lebten Nabil und Renata immer noch in der gleichen Stadt und warteten auf die endgültige Entscheidung des britischen Innenministeriums. Sie warten schon sehr lange, und es ist nicht leicht, ein normales Leben zu führen in der ständigen Befürchtung, man müsse im nächsten Augenblick all sein Hab und Gut zusammenpacken, die gerade erst entstandenen Beziehungen hinter sich lassen und sich erneut auf die Suche nach einem Asyl begeben. Trotzdem versuchen sie bis zum Eintreffen des Bescheids so normal wie möglich zu leben und ihren Jungen ein gesundes, stabiles Umfeld zu bieten. Sie arbeiten für eine von gläubigen Christen geführte Firma und genießen das Miteinander in ihrer Gemeinde.

Wie auch immer die Entscheidung des Ministeriums ausfallen mag, sie fühlen sich geborgen in der Hand des Messias, der sie liebt und der für sie gestorben ist. Es ist ihr aufrichtiges Gebet, daß dieses Buch anderen Moslems, die nach dem rechten Weg zu Gott suchen, eine Hilfe sein möge, ein Glied in der Kette von Ereignissen und Einsichten, die den aufrichtig Suchenden zu der einzigen Quelle des Lebens, der Liebe, der Erkenntnis und der Erlösung führt.

Auch du kannst Jesus, den Messias, als den einzig wahren Weg zu Gott kennenlernen, kannst entdecken, daß sein Opfer für deine Sünden dir Vergebung und Frieden mit Gott bringt.

Es ist nicht wichtig, wo du dich gerade aufhältst, ob in der Abgeschlossenheit deines Zuhauses oder an irgendeinem anderen Ort: Du kannst dich direkt an Gott wenden und zu ihm sagen: »Ich glaube, daß der Messias der wahre Weg zu dir ist. Ich glaube, daß sein Opfer mich von allen meinen Sünden reinigt. Ich nehme ihn in mein Herz auf und danke dir, daß er schon alles getan hat, was nötig war, damit ich Frieden mit dir haben kann.«

Gott drängt sich uns nicht auf. Er bereitet die Umstände vor und klopft dann an die Tür unseres Herzens. Gott ist derjenige, der die Initiative ergreift, und nun liegt es an uns, ihm zu antworten und seine Art der Sündenvergebung ganz persönlich anzunehmen. Wenn du das tust, wirst auch du das Geschenk des ewigen Lebens von ihm bekommen.

Gott hat versprochen, daß er niemanden abweisen wird, der auf diese so einfache Weise zu ihm kommt. Er nimmt dich ganz so an, wie du bist, und beginnt dann, dich von innen heraus zu verändern. Er wird deine Sünden vergeben, dich innerlich reinigen und dir die Kraft geben, dieses sorgenvolle Leben mit Freude und echtem Frieden zu meistern.

Wenn du diesen Schritt im Vertrauen auf Jesus, den Messias, gewagt hast, ist es wichtig, daß dein Glaube und dein geistliches Leben wachsen können:

1. Lies regelmäßig Gottes Wort, die Bibel, denn sie ist deine geistliche Nahrung.

2. Bete in einfachen, spontanen Worten durch den Messias zu Gott. Dabei sind keine Formeln nötig. Das Gebet ist deine ganz persönliche Verbindung zu Gott. Schütte dein Herz vor ihm aus, werde still vor ihm und höre auf seine Stimme.

3. Suche dir Freunde, die deinen Glauben an Jesus mit dir teilen. Du brauchst ihre Ermutigung und Unterstützung.

4. Sprich mit anderen Menschen über deinen Glauben – auch sie müssen für sich den wahren Weg zu Gott entdecken.

Worterklärungen

Alawiten – eine islamische Sekte, deren Mitglieder vorwiegend im Nordwesten Syriens zu finden sind; die Mehrheit der orthodoxen Sunniten (vgl. *Sunna*) hält sie für Häretiker.

Aramäisch – alte semitische Sprache, die vor allem im Nahen Osten verbreitet war, bis sie durch das Arabische verdrängt wurde; das Aramäische wird auch als liturgische Sprache in einigen alten östlichen Kirchen verwendet (vgl. *Syrisch*).

Assassinen – ein extremer Zweig der Sekte der *Ismailiten*; die *A.* ließen sich um die Zeit der Kreuzzüge in den Bergen der Levante (östl. Mittelmeer) nieder und waren bekannt dafür, daß sie ihre Gegner durch Mordanschläge beseitigten.

baraka – göttliche Segnung, Gnade und Macht, die einem Heiligen innewohnen; es wird geglaubt, die *b.* könne durch einfache Berührung weitergegeben werden.

Drusen – aus der Sekte der Ismailiten hervorgegangene, heute eigenständige Religion, deren Mitglieder vorwiegend in Syrien, Libanon und Israel zu finden sind; die Mehrheit der Sunniten (vgl. *Sunna*) hält sie für Häretiker.

Dschebel – arabisches Wort für »Berg«.

Fatwa – Edikt oder Entscheidung eines islamischen Richters zu einer kontroversen religiösen Frage.

Fikh – Rechtswissenschaft des Islam.

Hadith – die Sammlung von Aussprüchen und Taten Mohammeds, die in bezug auf den Glauben und das Leben für jeden Moslem bindend sein soll.

Hadsch – die Pilgerfahrt nach Mekka; die fünfte Säule des Islam, deren Durchführung von jedem Moslem gefordert wird, soweit er körperlich und finanziell dazu in der Lage ist.

Hedschra – Mohammeds Flucht von Mekka nach Medina (622 n. Chr.); an diesem Ereignis ist der islamische Kalender ausgerichtet.

Ihram – das spezielle weiße Gewand, das jeder Pilger zu Beginn der Pilgerfahrt anzulegen hat.

Injil – das arabische Wort für die Evangelien, häufig auch für das gesamte Neue Testament gebraucht.

Ismailiten – extreme schiitische Sekte, die sich nach einem Streit um die Nachfolge des sechsten Imams von den Schiiten abspaltete; die *I.* waren vor allem zwischen dem neunten und dem zwölften Jahrhundert äußerst einflußreich.

Issa – arabisch-islamischer Name für Jesus; arabische Christen benutzen den Namen »Yassu«.

Jakobiten – die alte syrisch-orthodoxe Kirche.

Kaaba – das würfelähnliche Bauwerk im Zentrum der Heiligen Moschee in Mekka; enthält den schwarzen Stein; Zentrum religiöser Verehrung im Islam.

Kaffir – Ungläubiger, Heide; auch für einen abtrünnigen Moslem gebraucht.

Kalifen – nach dem Tod Mohammeds die Führer der moslemischen Welt.

Koran – das heilige Buch des Islam; enthält 114 Kapitel (Suren) und soll Mohammed vom Erzengel Gabriel offenbart worden sein.

Maryam – arabischer Name für Maria.

Matta – arabischer Name für Matthäus.

Minarett – Turm einer Moschee.

Muezzin – der Mann, der die Gläubigen fünfmal am Tag vom *Minarett* aus zum Gebet ruft.

Omaijaden – die erste Dynastie von *Kalifen*, die das Reich der Muselmanen von ihrer Hauptstadt Damaskus aus regierte; im 7. Jahrhundert von Muawija I. gegründet.

Ramadan – moslemischer Fastenmonat; von der Morgendämmerung bis zum Sonnenuntergang sind für alle Moslems tabu: Essen, Trinken, Geschlechtsverkehr und Tabak; die dritte Säule des Islam.

Salat – die fünf täglichen Gebetszeiten im Islam: Sonnenaufgang, Mittag, Nachmittag, Sonnenuntergang und vor dem Zubettgehen; die zweite Säule des Islam.

Schahada – das islamische Glaubensbekenntnis: »Es ist kein Gott außer Allah, und Mohammed ist sein Gesandter«; die erste Säule des Islam.

Scharia – das vollständige, für jeden Moslem verbindliche islamische Recht; ihm liegen vier Quellen zugrunde: der *Koran*, die *Hadith*, der Iman (Konsens) und der Qiyas (analoge Schlußfolgerung).

Shafi - eine der vier religiösen Schulen des sunnitischen Islam.

Shirk – Gott einen Partner zur Seite stellen; größte Sünde im Islam; die Christen werden des *S.* bezichtigt, da sie behaupten, Jesus sei göttlicher Natur.

Sufi – islamischer Mystiker; Angehöriger eines der Orden des Sufismus.

Sunna – Hauptrichtung des Islam; die Sunniten verstehen die ersten Kalifen als die wahren Führer des Islam nach Mohammeds Tod; die *S.* ist außerdem die Zusammenfassung der Aussprüche und des Lebens von Mohammed sowie eine Quelle des islamischen Rechts.

Syrisch – das Aramäisch, wie es in den ersten Jahrhunderten nach Christus gesprochen wurde; war auch gebräuchlich in den alten östlichen Kirchen.

Tawrah – arabisches Wort für den Pentateuch (fünf Bücher Mose).

Umma – die im Islam angestrebte, aus allen islamischen Ländern der Erde bestehende große Nation.

Wahhabiten – Anhänger einer puritanischen Erneuerungsbewegung innerhalb des Islam; im 18. Jahrhundert in Arabien entstanden; gegründet von Muhammad Ibn Abd Al Wahhab.

Zabur – islamisch-arabischer Ausdruck für die Psalmen Davids.

Zakat – das Almosengeben; eine jedem Moslem auferlegte Pflichtabgabe, die dann an Arme und Bedürftige verteilt wird; die vierte Säule des Islam.